小学生
心理自助工具箱

〔日〕久芳美惠子　梅原厚子 编著
董然 译

健康心理小百科（家长版）

中国妇女出版社

著作权合同登记号　图字：01-2022-5620

图书在版编目（CIP）数据

小学生心理自助工具箱．健康心理小百科 ：家长版 ／（日）久芳美惠子，（日）梅原厚子编著 ；董然译．-- 北京 ：中国妇女出版社，2023.1
ISBN 978-7-5127-2176-0

Ⅰ．①小…　Ⅱ．①久…　②梅…　③董…　Ⅲ．①小学生－心理健康－健康教育　Ⅳ．①G444

中国版本图书馆CIP数据核字（2022）第185761号

责任编辑： 陈经慧
封面设计： 末末美书
责任印制： 李志国

出版发行： 中国妇女出版社
地　　址： 北京市东城区史家胡同甲24号　　邮政编码：100010
电　　话：（010）65133160（发行部）　　65133161（邮购）
网　　址： www.womenbooks.cn
邮　　箱： zgfncbs@womenbooks.cn
法律顾问： 北京市道可特律师事务所
经　　销： 各地新华书店

印　　刷： 北京通州皇家印刷厂
开　　本： 165mm × 235mm　1/16
印　　张： 14.25
字　　数： 150千字
版　　次： 2023年1月第1版　　2023年1月第1次印刷
定　　价： 49.80元

如有印装错误，请与发行部联系

前 言

孩子是敏感的，社会的一点点变化都会在他们身上得到反映。近年来，网络及手机得到飞速普及，这给我们的日常生活带来了诸多便利。但它们也带来了不好的影响，比如，使人们现实生活中的人际关系在一定程度上变得淡漠，在网上言谈却变得肆无忌惮。这些变化对孩子们也产生了或多或少的影响。朋友之间争吵后和好如初，或向朋友倾诉自己的烦恼，这样的事在孩子们身上发生得越来越少，因为越来越多的孩子开始逃避现实生活中的人际交往。他们不知道如何排解自身的压力，会出口伤人却并没有觉得不妥，还会因为一些小事而“暴怒”，甚至有些大家眼中的好孩子，会突然对他们的朋友或者父母痛下杀手。这一切都表明“孩子们的内心世界正在逐渐失去平衡”，这是很危险的。

本书的编者们常年工作在教育一线，为有疑惑的孩子及家长，以及老师提供咨询服务，并在此过程中积攒了丰富的经验。在本书中，我们通过对孩子身上经常出现的一些“问题行为”进行归类，并分别对其行为背后的心理进行分析。之所以这样做，是因为人的所有行为与其心理状态都是密不可分的。例如，拥有同样想法的孩子，他们的举动可能是不同的；而出现同样行为的孩子，他们的想法也未必相同。而且相比内心世界，孩子的行为更容易被父母、老师及周围的人察觉。

在这里，我们将孩子表现出的令人担心的行为划分为 49 种，主要包含以下两大类：

第 1 章、第 2 章介绍了针对父母、老师、兄弟姐妹等，主要“由人际关系引发的行为”。第 3 章、第 4 章、第 5 章介绍了“由孩子自己所在意的事而引发的行为”，其中包括针对学校、学习以及自己身体出现的各种行为，另外还有孩子出于自我保护和自我否定所产生的行为。

针对书中归纳出的 49 种行为，我们就每一种行为列举了两个具体事例，同时在“心理咨询师如是说”板块中从心理学角度出发，对所举事例做出解释，并给出相应建议。希望这些建议能够给读者带来一定的启发。

上面提到过，即便是同样的行为，其背后所隐藏的动机也是千差万别的。自然，应对方法也应该因人而异。因此，书中所列举的事例及其应对方法也只供读者参考。希望您能用心体会身边的孩子，读懂他的所思所想，走进他的内心世界，并找到适合他的解决问题的方法。

在分析孩子的问题行为时，有一点是不能忽视的，那就是这些“问题行为”其实是“孩子发出的求救信号”。不管什么样的孩子，只要身处健康的环境中，都能够健康成长。有些孩子之所以会出现暴力或是逃学等令人担心的行为，是因为当时所处的环境无法让他们健康快乐地成长，他们只是在用自己的方式告诉大家“这样下去我会废掉的”！而且，有些看似突发的事件，其实也是由于孩子内在的压力已经积攒了很长时间，而爆发只是因为出现了“最后那根稻草”。所以，身为家长或老师，不要不假思索地指责孩子的所作所为，而是要认真解读孩子行为背后所隐藏的信息。我们真心希望您能够试着去理解孩子，找出究竟是什么样的心理迫使孩子做出违背他们本心的事情。同时，我们也希望这本书在这方面能给您提供一定的帮助。

编者　久芳美惠子

目 录

第 1 章 针对父母或老师的行为

第 2 章 针对朋友或兄弟姐妹的行为

第3章 针对学校或学习的行为

第4章 与自己身体有关的行为

第 5 章 自我否定、自我保护的行为

第1章

针对父母或老师的行为

1 因感受到不公平的待遇而引发不满

在课堂上有这样两类孩子：第一类，每次老师提问都会举手，直到老师叫他回答问题为止；第二类，一旦没有被老师点名回答问题，就会产生“反正老师也不会叫我”这样的念头，甚至会因此失去学习热情。同样，有些孩子对家人也会有各种不满的情绪，例如，认为“妈妈就是偏爱弟弟，根本不听我说话”等。那么，孩子这些过度的自我主张及不满究竟从何而来呢?

其实，这些都是孩子在无意识中向大人传递的信息，是在表达“快看看我！快听我说！”。他们并非任性，也不是故意捣乱，而是在控诉——控诉他们内心的需求没有得到满足。

在“好厉害啊！你思考得很认真啊！”“你完成得太好了！你很出色啊！”等赞美声中成长起来的孩子，往往是自信的、满足的，而且能够认识到自己的价值所在。也只有这样的孩子，才能真正实现人格上的独立。

所以，当孩子们在表达对受到不平等待遇的不满时，希望大家意识到其实他们的潜台词是“我需要你的关注”。

例 1 反正老师是不会叫我回答问题的

应对方式 告诉孩子，老师（家长）其实时刻都在关注他

- 装作不经意间制造和孩子聊天的机会，为孩子打开心结。
- 对孩子的认真思考给予充分的肯定，并努力和孩子建立起相互信赖的关系。
- 在做好共情的基础上，让孩子理解并执行学校的规章制度。

重点 老师（家长）与孩子之间的信赖关系是基础。

例 2 总是偏爱弟弟

应对方式 通过表扬的方式表达对孩子的认可

- “反正妈妈总是偏爱弟弟……”当孩子说出这样的话时，大人一定要给予重视。虽然孩子在说这句话时往往是无意识的，但这通常意味着孩子的内心渴求获得大人的关爱与理解。
- 只要妈妈趁此机会对孩子日常的所作所为给予充分的肯定，就可以缓解孩子焦虑的心情。所以多夸一夸孩子吧。

重点　给予孩子认可，是帮助他成长的有效方式。

心理咨询师如是说

无论是老师还是家长，在对待孩子时都会努力做到“一碗水端平”，即便有些时候看起来并非如此，他们也一定会说是事出有因，并坚持自己的初心是没有变过的。

但有些认为自己受到了不公平待遇的孩子却会向大人表达自己的不满。这个时候，大人不要责备孩子“任性”“以自我为中心”，而是要接受他们所提出的意见。

当孩子这种控诉变多的时候，也正是他们自我意识开始萌芽，开始想要独立的时候。而这些控诉其实是在向大人传递“快来关注我”“好好听我说”等信息。

在孩子的成长过程中，难免会出现一些所谓“不好的表现”，但越是遇到这样的情况，越要耐下心来认真倾听孩子的诉求。

2 行为的突然改变

孩子们都会在无意识中去努力迎合大人的期待，当他们的努力得到肯定与赞扬，自然会感到很开心，而这份喜悦同时也会转化为能量被储存起来。

这样的过程会让孩子们越来越自信，同时获得越来越多的能量，让他们去迎接更多的挑战。

但成功毕竟是需要付出努力才能获得的。所以大人要称赞的并非是孩子们所取得的成绩，而是他们努力的过程。因为只有这样，他们才能真正意识到自己所付出的努力究竟有何意义。

反之，如果大人对孩子的所有努力都视作理所应当，对孩子既没有肯定也没有称赞，就会让孩子感到他们的努力都是徒劳的，既得不到肯定也毫无意义。久而久之，孩子自然会失去继续努力的动力。

另外，孩子有时还会突然表现得很任性，或是对大人撒娇。

无论孩子出现什么样的行为，我们都要通过这些表面现象，体会他们内心的变化，并接受、包容他们。

例 1 讨厌！我才不想做呢

应对方式 对孩子求关注的心理给予理解与接纳

- 有些孩子想获得大人更多的关注，却不知如何用语言表达。这时他们可能会在无意识中通过改变日常行为，如不再遵守课堂秩序等，来表达自己的诉求。
- 关注孩子的一举一动，不放过任何一个可以夸奖孩子的机会，无论大小。
- 对孩子内心的焦虑及不安，只需默默接纳。
- 了解孩子在家中的状态，并结合孩子的行为，分析其背后所隐藏的信息。

重点　即便只有一个人安静倾听，对孩子来说也是极大的安慰。

例 2 身为哥哥，你要做个好榜样啊！

应对方式 放任不管，适得其反

- 理解、包容孩子的情绪并非溺爱。
- 如果孩子突然变得任性、爱撒娇，那一定是不满情绪爆棚了。
- 耐心倾听孩子的心声，能让孩子重新变得遵规守矩。
- 听取孩子内心的声音，看起来像是绕远路的做法，但其实相当重要。如果放任孩子的这种状态不管，反而会让孩子产生抵触情绪，适得其反。

重点　包容孩子的行为，理解孩子的诉求。

心理咨询师如是说

有些大人心目中的“好孩子”乖巧懂事，从不用大人操心，但突然有一天，他们变得任性、黏人，会找老师或家长撒娇，以前一直做得很好的事情也不愿意去做。这种情况被称为“退行”，也就是“退回婴儿阶段”。

很多家长会因孩子所表现出的巨大反差而感到迷惑，甚至因此批评孩子。同时，还会因不知道孩子的这种状态会持续多久而感到不安，甚至怀疑是自己平时对孩子过于溺爱才导致了他的“退行”。

其实孩子这种退回到幼儿时期的行为并非他们故意的。我们可以把这一变化的出现，看作孩子正在完成他之前没有完成的成长课题*。

*幼儿时期是否充分得到了父母及周围大人的疼爱，以及是否与大人建立了良好的关系，这在孩子们的成长过程中是一个极其重要的课题，对孩子今后的成长有着巨大的影响。

3 突然的叛逆

和成年人一样，现在很多孩子也承受着不小的压力。这种现状可以说是现代社会的产物。孩子们不但要面对来自学习的压力，还要顾及家人的颜面，以及应对大人因对社会不满而产生的各种情绪。孩子们真的很不容易。

身处这样的成长环境，孩子们在不知不觉中承受了越来越多的压力。经常和朋友发生冲突、不认错、行为暴力、顶撞老师等，这些都是他们释放压力的表现。

当这些孩子感到焦虑或是莫名其妙的烦躁时，他们不知如何用语言表达自己内心的状态，不知如何处理自己的情绪，所以选择以反抗的形式来表达自己的感受。

一般情况下，大人能够轻易地发现孩子的叛逆行为，但导致他们产生这种行为的矛盾心理，却需要大人用心体会才能理解。

其实，孩子突然出现的叛逆行为，就是他们发出的求救信号。在大人看来，也许这种变化是突然发生的，但对孩子来说，他们已经承受了太久的压力。所以，从倾听开始，去一步步了解孩子内心的矛盾究竟是什么吧。

例 1 通过态度来表达自己焦虑的心情

应对方式 问问孩子心情如何，帮他解开心结

老师 小A，你怎么了？

小A 他把运动服挂这儿，挡我的路了。我要过去，所以就把衣服踢飞了。

老师 小B挂运动服的地方和其他同学有什么不一样吗？

小A 一样的，但就是挡我的路了。

老师 所以你怎么做都可以，是吗？如果是你的运动服被踢飞，你会有什么感受呢？

小A 那我肯定生气啊，而且一定饶不了他！这还用问吗？！

老师 那小B现在是不是也有这样的感受呢？

小A （……短暂的沉默之后，默默地点了点头。）

重点 当孩子沉默时，不要轻易打断，等待他们自己意识到错误。

例 2 我自己知道该怎么做！

应对方式 父母是否把自己的想法强加给了孩子呢？

父母的一言一行孩子都看在眼里，他们也会在不知不觉中模仿父母的行为。

如果父母不给孩子表达自己的机会，那孩子就无法向父母说出自己内心的想法。即便想说，也只能压在心里。当孩子进入青春期后，他就会用父母对待自己的态度来对待父母，排斥父母的一切。

要想解开孩子的心结，唯一的办法就是倾听他们的诉求。这时的父母，一定不要急于表达自己的想法，而是要耐心扮演好倾听者的角色。孩子一旦感受到父母态度的变化，自然也会恢复对父母的爱。

重点　身教大于言传。

心理咨询师如是说

在孩子看来，家长、老师等成年人是权威的象征，所以一般来说，孩子的“叛逆”其实是对权威的反抗。而这也是孩子成长过程中的必经阶段。

很多人在成年之前会有两个比较明显的“叛逆期”，即儿童时代的“第一叛逆期”和青春期的“第二叛逆期”。但我也接触过很多在儿童时代完全没有“叛逆”表现，或是表现并不明显的孩子。这类孩子之所以没有“叛逆”行为，可能是因为他的内心不够强大，也可能是所处环境不允许他“叛逆”，而更多的是两者皆有。若这些孩子进入青春期后首次出现“叛逆”行为，那他的叛逆程度很可能会相当严重。

不管怎样，大人都不要回避孩子的“叛逆”，而是要倾听他们的不满，让他们说出自己的想法，并在此基础上和孩子互相交流内心感受。

4 无法接受成年人犯错

有些孩子在各方面表现都很优秀，让人无可挑剔，可他们一旦遇到自己做不到的事情，便会表现出异常的沮丧。

举个例子，老师板书时写错了字，他马上就会指出：“老师，你写错了。”若老师有些事忘了通知，他会说：“就这样还当老师呢……”并且语气中充满不屑。

对这样的孩子，老师经常会苦于不知如何应对。

而且这些孩子对待成年人的错误丝毫不留情面，即便是些琐碎的小事也不放过，让人不由得怀疑是不是他们对大人有什么意见。其实，他们自己也不知道怎样处理这种情况，只是在虚张声势罢了。

当孩子心中的不满积攒到一定程度后，他们会想办法发泄，而具有攻击性的言行就是他们排解不满情绪的一种手段。通过对他人的否定与反驳，孩子们才能再次找回内心的平衡。

但这种解决方法，最终会导致孩子交不到贴心的朋友。

所以大人在面对孩子发出的求助信号时，一定要给予积极的回应，并帮助他们找到适合的解决方法。因为只有这样，才能够真正帮助孩子解开心结。

例 1 老师都说错了！

应对方式 让我们看看那些不能容忍老师犯错的孩子，内心是怎么想的吧！

小 A　不管我表现得多好，老师都看不到，可小 B 随便做点什么，老师马上就会表扬他。我也好想被表扬啊！

在老师眼中，小 A 一直是个表现特别好的孩子，老师对小 A 的优秀早就习以为常，因此往往会忽略对他的称赞。但这样做其实忽略了小 A 的心理需求。他之所以努力把什么事都做到最好，正是因为他想获得老师的赞扬与肯定。但是老师的态度招致了小 A 的反感，以至于老师稍微有些言行上的错误，他就会抱怨甚至不依不饶。

- 将自己内心的想法转化为语言，反复地告诉孩子：“老师知道，你一直都很努力。”只有这样才能解开孩子的心结。

重点　只需要给孩子一个认可、一句肯定，就能平复孩子内心的不满。

例2 这都做不好！你是怎么做妈妈的！

应对方式 孩子失败时的处理方法

- “你干什么呢？不是说过不能这样吗！怎么总是记不住呢？！”
  如果母亲对孩子的要求非常严格，孩子在不知不觉中就会像母亲一样，变得对他人要求严苛。
- 突然有一天，你会发现孩子对他人的态度，完全就是在照搬母亲对孩子的态度。无论是对母亲，还是对老师，甚至对朋友，都不允许对方有一丝失误。
  而这自然会给孩子的人际关系带来不良影响。
- “失败其实并不要紧，俗话说‘失败是成功之母’啊。”
  对待孩子的失败不要责备，而是要用包容的心态、温柔的话语，给孩子再次挑战的勇气。

重点 童年时的遭遇，不仅会留在我们心中，同时也会在我们身体里刻下深深的印记。

心理咨询师如是说

有一些孩子，他们会故意找大人逻辑中的错误，并且一旦发现就会不依不饶。这些孩子在对待自身问题时也往往是理性大于感性，而且他们大多会用父母从小对待自己的方式对待其他人，并通过对别人的责备或语言上的攻击来平衡自己的心态。如果被带入孩子的节奏，感情用事地去反驳他，或是过于理性地去解释孩子发现的错误，抑或是为自己找借口，这些都会导致孩子的情绪进一步激化。

所以对待孩子的质疑既不能感情用事，也不要否定，而是要去了解他真正想要的是什么。面对这样的处理方式，孩子也就不会再去追究对方所犯的错误，反而会显示出自己不自信、软弱的一面。

5 在家乖巧懂事，在学校放飞自我

孩子是发自内心爱着自己的父母的。所以他们一直很努力，就是为了不辜负父母的期望。但努力总是有限度的。就像给一个气球充气，如果充气过量，超过了气球的承受力，那气球就会“啪”的一声爆炸。

当孩子的努力快超过自己的承受范围时，为防止自己崩溃，他就会出于本能地去寻找释放的场所。在家？当然不行。因为这会让父母对自己失望。但忍耐只会让自己越来越痛苦。所以，学校成为他们唯一的选择。不管是老师还是同学，任何一点点小事都能成为引爆他们的导火索。

我们常听有的家长说：“我家孩子不可能做那样的事。”正是由于这些孩子为了在父母面前扮演乖巧懂事的角色，导致他们内心积累了很多矛盾的情绪，而他们只能选择在其他地方宣泄。

例 1 我家孩子不可能做那样的事！

应对方式 一个可以放松身心的家庭环境，可以帮助孩子消化外界带给他的紧张感

妈妈 我家孩子不可能打伤同学！他在家特别听话，每天放学就去补习班，从补习班回来就自己乖乖做作业，会一直做到很晚。

老师 他每天都是这样吗？

妈妈 对，这孩子特别努力，每天都把时间安排得很满。

老师 他平时确实很努力。不过，他在哪里可以放松呢？

妈妈 放松？

老师 越是努力的人，难道不是越需要放松吗？

妈妈 不见得吧？

老师 其实孩子会因为不得不努力而感到紧张。

妈妈 感到紧张？

重点 要解决孩子的问题，首先需要让妈妈认识到问题所在。

例 2 我没拿！

小 A 是一名一年级的学生。他有时会在教室里溜达，并随手拿起别的同学桌上的铅笔、橡皮等，放进自己兜里。当有人看到小 A 的行为并提醒他注意时，他就会找各种各样的借口，甚至会撒谎。所以同学们都不喜欢他。

应对方式 关注孩子的内心

通过与小 A 母亲的交谈我们了解到，小 A 有个 1 岁的妹妹，小 A 在家会给妹妹喂饭、洗澡，对妹妹的照顾十分周到，完全是个不需要父母操心的好孩子。

但小 A 之所以这么尽心地帮助妈妈照顾妹妹，其实是想获得妈妈更多的关注。

可以说，让刚刚上一年级的小 A 照顾 1 岁的妹妹，其实是强人所难。随着小 A 内心矛盾的激化，他开始以拿同学的东西这种方式来填补自己内心缺失的爱。

照顾 1 岁妹妹的温柔的小 A

重点　无论是在家中还是在学校，除了学习以外，还要对孩子的各方面给予足够的关注。

心理咨询师如是说

正常情况下，家庭应是一个能让人休息、充电的场所，孩子们在学校努力学习，在家则放松身心。但有些孩子的状态却正好相反。在家人看来，他们是听话的好孩子，可在学校他们却捣乱、欺负同学，甚至偷东西，是妥妥的问题学生。可以看出，他们是为了寻求内心的平衡，而把学校当成了发泄的场所。

为什么这些孩子在家中表现得那么听话呢？有些孩子是出于心底的不安，他们认为如果不听父母的话，就会被父母抛弃。还有些孩子其实是在向父母传递一个信息——“我没有你们想象的那么好！我需要你们的理解。”

所以，我们必须将孩子在家中和学校的表现结合起来，才能做到真正地读懂他们。

6 开始回避父母

当孩子进入叛逆期或青春期后，他们会变得不再像小时候那样爱与父母分享内心的感受，有些孩子可能还会抗拒向家人敞开心扉。

还有一些孩子虽不属于上述情况，但也会刻意回避父母。他们对自己在学校发生的一切选择避而不谈，平时与父母说话时会避免与父母目光的接触，甚至还会有意躲避父母的目光。造成孩子出现这种态度，有两种比较大的可能性：第一种，孩子遇到了令他超级烦恼的事情，例如校园欺凌等；第二种，孩子产生了不良行为，他正在试图掩饰。对孩子来说，他们出于不想被人可怜，或是不想父母担心等理由，越是遇到令人烦恼、头疼的事情，反倒越不会寻求父母或老师的帮助。

身为家长或老师，这时就要为孩子创造一个能够轻松交谈的环境，静待他敞开心扉。

家长在面对这种情况时，无论如何都不能回避问题，一定要让孩子知道你们是他最坚强的后盾，可以和他一起解决任何问题。

例 1 看起来好像在学校被欺负了，可她却什么都不说

应对方式 交流是双向的，要让孩子知道父母的感受

妈妈 昨天就感觉你情绪不好，发生什么事了吗？

小 A 没，真没什么。

妈妈 真的吗？那怎么脸色这么难看？

小 A 就是有点肚子疼，没事的。

妈妈 哦……不过你以前肚子疼的时候可不是这样的。记住，我是你妈妈，是这个世界上最关心你的人哦。

小 A ……其实……其实小 B 她们……

重点 找一个安静且能放松身心的场所，好好和孩子聊一聊。

例 2 掩饰自己的不良行为

应对方式 大人要有强烈的解决问题的意愿，并拿出诚意和孩子好好谈谈

父亲 这个游戏软件是怎么回事？你妈妈和我说过了，但我还想听听你的解释。

小 A 我都说了，是跟朋友借的。

父亲 哪个朋友？

小 A 小 B。

父亲 以前不管是向朋友借东西，还是朋友给你东西，你都会告诉我们，不是吗？

小 A ……

父亲 而且，这个游戏还没开封，要说是朋友借给你的，我觉得有些不合情理。

小 A ……

父亲 爸爸妈妈都是真正关心你的人。看着我的眼睛……一个人如果犯了错，是不是要尽早改过？

小 A 对不起……其实……

重点 出于自我保护，孩子可能会表现出反抗或攻击性的行为，家长不要被孩子的态度所影响，要温柔而坚定地指出孩子的过错。

心理咨询师如是说

当孩子进入青春期，他们开始追寻自我、追求独立。一方面，他们对父母可能会表现出抵抗或回避行为，但另一方面，他们内心依然会时不时想依赖父母，想获得父母的疼爱。所以对孩子来说，这是一个“独立与依赖并存”的矛盾时期。

通过与很多家长交谈，我们了解到，即便孩子已进入青春期，也有很多父母无法做到对孩子完全放手。但在面对逐渐疏远的孩子时，父母真正应该做的，是接受孩子已经长大这一事实，并调整自己的心态，稍微拉大与孩子的距离，默默守护孩子的成长。

不过，例 1 、例 2 中孩子对大人的异常回避，则需要父母积极应对。一方面要考虑到这个年龄段孩子想要独立的心理特点，另一方面要扮演好父母的角色，在必要时给予孩子所需要的帮助。

7 晚归

随着孩子逐渐长大，他们的交友圈会越来越大，自然活动范围也会随之变大，有时甚至会很晚才回家。父母也开始搞不清孩子每天都在做什么。如果放任不管，就可能导致孩子变得散漫，还会令孩子遭遇事故或卷入某些风波的可能性增加。

虽说父母不可能百分之百掌握孩子的行动，而且从培养孩子的独立性与责任心的角度也不提倡父母对孩子干涉过多。但父母要根据孩子的年龄与其约定，如告知父母和谁外出、去哪儿、几点回家等基本的信息。当然最重要的，要帮助孩子遵守约定，别让这些约定成为摆设。

举个例子：在和孩子约定回家时间时尽量具体化，如“听到晚钟①敲响就要回家”“玩到晚上 6 点”“晚饭前到家”等。这样的约定还能培养孩子的时间观念，让他认识到规律生活的重要性。最好能和孩子约定起床及睡觉的时间，培养他每天自己按时作息的习惯。

---

① 日本是一个地震多发国家，所以广播系统对他们来说十分重要。每天傍晚（不同地区及季节，具体时间会有所不同，大致在下午 4 点 30 分到 6 点），区政府都会通过无线广播播放音乐，目的是测试广播系统是否正常。日本人常把这种音乐当作提醒孩子回家的信号。——译者注

例 1 磨磨蹭蹭不回家

应对方式 让孩子知道遵守约定的重要性

母亲 已经17点20了，为什么回来晚了？

小 A 因为大家都没走啊。

母亲 你知道为什么会有“听到晚钟敲响就要回家”这条规定吗？就是为了保护你们。

小 A 反正大家都没遵守。

母亲 哦，如果大家都不遵守规定，你也一样可以不遵守？

小 A 不是，不是那个意思……我是觉得大家都在，我自己先走不好。

母亲 这可以理解，但有没有可能，其实大家都和你一样觉得“自己先走不好”呢？

小 A 有可能……不过，我就是说不出口。

母亲 是否遵守约定，不应该根据你们的心情来决定吧？

小 A ……知道了，明天我和大家说一下。

重点 要给孩子解释的机会，并对他与朋友交往中产生的微妙情绪表示理解，但同时要给他指出正确的方向。

例 2 突然不再遵守回家时间，而且超时很久

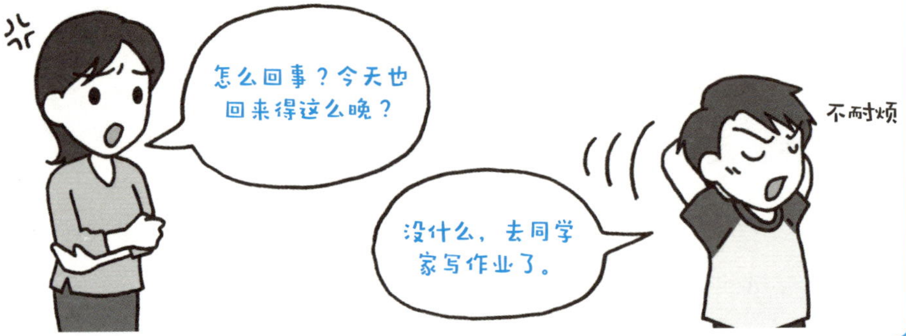

应对方式 认真和孩子聊聊，让他学会思考某种行为带来的后果

父亲 最近回家都挺晚啊，怎么回事？

小A 没什么，就是去同学家做作业了，我跟我妈也说过了。

父亲 哦？不过你妈妈可说你没带作业去啊。

小A ……

父亲 再说了，我们定好的“晚饭前回家”，就是“不管在做什么，到时间都要回家”，不是吗？

小A 好吧，从明天开始晚饭以前到家。

父亲 好，这个问题我们解决了。那你说去同学家学习这件事呢？还有什么需要说的吗？希望你能仔细思考一下。

小A ……对不起，其实是朋友叫我去游戏中心玩了……

父亲 哦，是这样啊……那个游戏中心怎么样？玩得开心吗？

重点 一旦孩子认错，父母只需接受就好，不要再继续追究，但要在此基础上引导孩子思考自己的行为可能造成的结果。

心理咨询师如是说

随着孩子年龄的增长，他们的交友范围及活动范围都会相应地增加，父母很难了解孩子在外面都做了什么。从积极的角度讲，可以说孩子们迈出了他们走向独立的第一步。但随之而来的是孩子回家时间变晚，生活变得不再像以前那么规律。父母出于担心，可能会责备孩子，但这又可能会导致亲子间产生矛盾，很多孩子会将自己家与朋友家作对比，抱怨父母对自己的要求过于严格，虽然有时事实并非如此。

所有的家长都希望孩子健康成长。所以无论是作为家庭的一员，还是出于做父母的责任，家长都应制定适合自己家庭的家规，“遵守门禁时间”自然也是其中之一。不过，家规并不是由父母单方面决定的，而是要根据孩子的成长阶段，在与孩子商议后一家人共同制定。但父母一定要让孩子知道，家规一旦制定就必须严格遵守。

8 说谎

如果孩子只是偶尔一次说谎，而且并不涉及原则性的问题，家长不用过于紧张。但如果孩子认为“说谎很有效”“能给自己带来好处”，并养成了说谎的习惯，那当他犯错时，很可能会因为说谎而错失改正错误及获得成长的机会。

经常说谎的孩子，他们内心其实会感到自责，有些人的自尊心可能还会受到伤害。而这些都会对孩子的成长产生严重的不良影响。若明明是自己犯了错，却诬陷是别人做的，那也会给别人造成不良影响，后果更严重。

家长一定要从小教育孩子说谎会给自己或他人造成危险，是无论如何都要避免的。另外，亲子间一定要建立起牢固的信赖关系，因为这是能让孩子安心向父母吐露实情的一个重要因素。

当孩子出现说谎的情况时，父母应耐心和孩子好好谈谈，了解事情真相。尤其是还有其他受害者时，一定要将事情妥善处理。对孩子的谎言更不能睁一只眼闭一只眼，而是要让孩子真正认识到自己究竟错在何处。

例 1 我什么都不知道！

应对方式 以事实为依据寻找解决问题的方法，态度要坚决

老师 昨天放学以后，从我送同学们出学校到我返回教室，这之间大概有5分钟。这段时间只有你和小B在教室里吧？

小A 我不知道。

老师 是吗？但是你看到小B了，对吧？

小A 对。

老师 我回教室的时候，咱俩也遇到了，对吧？

小A 对。不过也有可能是小B写的啊。

老师 确实。不过小B昨天有课后兴趣班，是因为忘带了东西所以才回教室来的，取完东西她马上就离开了。这点我已经和兴趣班的老师确认过了。

小A ……

老师 你对小C是不是有什么不满？

小A ……是。其实……

重点 要以事实为依据，怀着满满的诚意，耐心和孩子交谈。因为一旦处理不好，很可能会对孩子的内心造成伤害。

例 2 是我干的……（为了替别人掩饰而说谎）

应对方式 仔细分析状况，耐心解决问题

老师 我怎么想都觉得不是你抽的……

小 A 真是我抽的。

老师 你以前抽过吗？

小 A 没，今天是第一次。

老师 第一次，然后还抽了那么多根？

小 A ……

老师 如果有两个选择，一个是说出实话，帮朋友戒掉吸烟的习惯；另一个是帮他打掩护，任他毁掉自己的健康。你会选择哪个？

小 A 你是想说我会害得他身体不好吗？

老师 我没这么说。不过，这难道不是一个帮助他的好机会吗？

小 A 帮他？

老师 对啊，想想他的未来，你是不是应该拿出些勇气来！

小 A ……我懂了。

重点 与其否定孩子，不如引导他从另一个角度思考问题。

心理咨询师如是说

当孩子处于幼儿期时，他们还不能准确地区分现实与想象，所以有可能无意中把自己想象中的情景当作现实说了出来。但这种情况会随着孩子长大变得越来越少。

当孩子能够区分现实与想象世界后，若依然经常有说谎的情况，则很可能是出于对爱及呵护的渴望。

孩子的年龄越大，说谎的原因越复杂，其中有意为之的情况也会增加。比如，为了显示自己比别人优秀，逃避对自己不利的场景，为了获得某些利益，为了获得赞美及认可，为了显示自己对朋友很讲义气，等等，这些都可能成为孩子说谎的原因。

在很多情况下，说谎是孩子自我保护的一种手段，也可以看作他们不适应当时情境的一种反应。因此，单纯的责备与说教只会引起恶性循环。

当孩子说谎时，父母首先不能回避问题，而是应搞清楚孩子为什么说谎，以及孩子当时的心理状态。在对孩子表示理解的基础上，再与孩子一同寻找解决问题的方法。

9 离家出走

近几年，孩子离家出走大致分为两种类型：一种是突然离开家，不见踪影的“传统型”；一种是去朋友家借住 2 ～ 3 天，但和父母保持电话联络的“短期型”。因“传统型”离家出走的危险性，必然会引起家人、老师的担心，而“短期型”离家出走对孩子来说也存在诸多危险因素，例如，孩子可能会出入娱乐场所、与异性非正当交往、饮酒，甚至吸毒，等等。

孩子离家出走的原因很多，例如，感到家里没有他的容身之处，也可能是为了确认父母是否爱自己，还有可能是为了逃避什么……

所以，父母一定要给孩子创设一个温暖、舒适的家。同时，从孩子幼儿时期起就要培养他坚韧的性格，让他遇到问题时能够勇于面对，而不是选择逃避。

另外，有时父母和孩子发生争执，因一时冲动脱口而出的“你走！”也会成为孩子离家出走的导火索。

因此，父母在平时的生活中应多注意上述几点。万一孩子出现了离家出走的行为，无论花费多少时间和精力，都要让孩子理解离家出走的危险性，并想办法不让类似的事情再次发生。

例1 因为一些小事就离家出走，两三天都不回家

应对方式 告诉孩子，父母很担心他，尽量说服孩子回家

父亲 吃饭了吗？

小A 朋友家有些吃的，随便吃了点。

父亲 如果连续几天都这样的话，会不会打扰人家啊？回来吧。

小A 我朋友说没事。我也绝对不会回去。

父亲 昨天我们找了你一天都没找到，晚上都去报警了。

小A 啊！报警干吗啊……

父亲 当然是因为担心你啊。昨天爸爸妈妈一夜没睡。除了离家出走，真的没有其他解决方法吗？

小A ……

父亲 不管怎样，先回来吧，咱们好好谈谈。

重点 不要感情用事，也不要突然做出一副善解人意的样子。做真实的自己，用诚意去打动孩子。

例 2 失踪一周之后被警察带回

应对方式 对孩子不要刨根问底，因为家长的目的是不再让孩子离家出走

父亲 这几天睡得怎么样?

小 A ……

父亲 好好吃饭没?

小 A 吃了。

父亲 你妈妈现在去警察局撤案了，之后应该会去学校告诉老师一声。

小 A 唉，你们报案干吗啊!

父亲 那我们的孩子突然失踪了，我们也没办法啊。

小 A ……

父亲 我们会想，你是不是在哪儿受了伤动不了了，或者是不是遇到了更严重的事。你妈妈这一周几乎都没睡过觉。

小 A 对不起……

父亲 没事，平安回来就好。

小 A ……

父亲 咱可不能再这样了哦……

重点 关于孩子离家出走这段时间的心理状态、生活状态，可以日后慢慢花时间去了解，慢慢解开孩子的心结。

心理咨询师如是说

当孩子突然离家出走，不管出于何种原因，家长最希望的就是孩子尽快平安回家。而作为孩子，他在意的其实是家人对自己出走的反应。出走可以看作他试探家人态度的一种手段。

所以父母一定要找机会，充满诚意地告诉孩子“我们很担心你”“我们希望你回家”。要让家成为孩子永远的避风港，而不是让孩子感到“家中没有容身之地”。

这并不是说要让父母对孩子言听计从，也不需要家长突然表现得善解人意。但要认识到，孩子离家出走，是在“对家长提出抗议”。所以要倾听孩子的心声，并要重新审视家庭关系及亲子关系。

10 突如其来的狂躁（发飙）

有些孩子，他们有时会突然表现得情绪激动，甚至出现攻击性行为。而他们的这些表现在周围人看来，确实很难理解。人们将这种突然出现的破口大骂、暴力行为，或是破坏周围物品的行为称作“发飙”。

当我们准备帮助这些孩子解决问题时，首先要清楚，这些孩子通常由于不会排解内心涌现出的不良情绪，不会自我调节，所以才会表现出情绪的不稳定，或是出现一些不被大众所接受的行为。

而孩子之所以会出现这种状态，主要有两大影响因素。其一，在孩子的成长环境中，有通过发飙来控制他人（遵从自己的意愿）的人存在，孩子在无意识中有样学样。其二，可能是孩子本身存在一定的“生理缺陷”，这使得他很难控制自己的情绪。

尤其对后者，我们要根据孩子的理解能力改变应对方法。这就要求我们在平时的生活中多用心观察，对孩子的理解能力有准确、清晰的把握。

例 1 生长环境、性格、压力都会成为孩子发飙的理由

应对方式 控制行动，情感包容，改变认知

1. 让孩子平静下来，和孩子一起做“深呼吸”。
2. 分散注意力。把孩子的注意力从对他产生刺激的事情上转移开。
3. 无论怎样也不能阻止孩子的暴力或破坏行为时，先让其他孩子离开，再将其抱住并控制事态发展。
4. 替孩子将引发其暴力行为的不良情绪用语言表达出来，如“很伤心吧”“很气愤吧”等。
5. 简短地帮孩子分析一下现状。 预防伤害，如：“看，那里有玻璃，很危险。” 行为改变，如：“小××，看这里。”“小××，有什么事可以和我说。” 行为预测，如：“小××，我不希望你受伤，所以我要暂时控制你一下。”

重点 即便是很小的刺激，也可能触及孩子内心的敏感点，让他的情绪变得激动。因此，应选择一个合适的、安静的场合，试着去解开孩子的心结。

例 2 无法控制自己的情绪

应对方式 选择孩子容易理解的表达方式

● 降低音量，放慢语速，带孩子远离情绪失控时的场景。
● 若孩子对身体接触比较排斥，就尽量避免触碰孩子（对有自闭倾向的孩子）。
● 将导致孩子激动的物品收起来，并带孩子离开（对有 ADHD 倾向的孩子）。
● 给予孩子其他的感觉刺激（孩子喜欢的，能令他平静下来的，比如洗脸等），激发出孩子其他的感情（对有 ADHD 倾向的孩子）。
● 借助视觉刺激，在黑板上明确地写下或画出与孩子的约定，以及现在应做的事和不应做的事，来为孩子按下“暂停键”（对有阿斯伯格综合征倾向的孩子）。
● 认清孩子的需要。
● 当无法满足孩子的需要时，要为孩子提供令他安心并平静下来的环境及方法（深呼吸、握拳，然后放松等缓解压力的方法）。
● 介入闹矛盾的孩子之间，制止孩子的暴力行为，用类似“你是想做 ××× 对吧”这样的语言，帮孩子表达他的内心所想，以实现有效的沟通。
● 提前和孩子找好能够让他自己冷静下来的场所，找到能让他的情绪平静下来的方法，当他快要情绪失控时，让他尝试按预先设定的方法控制自己的情绪。这样的体会对孩子来说是十分重要的。

重点 当孩子发飙时，老师及其他大人怎么处理，对其他孩子是有示范作用的。
在日常生活中，尽量提高孩子的自我肯定感，这个方法适用于任何孩子。

心理咨询师如是说

这些会突然发飙或有暴力行为的孩子，包括可能有生理缺陷的孩子，他们内心都很敏感、细腻，他们会因为一些小事而感到紧张、焦虑。在他们排斥、斥责他人，给周围的人带来威胁的同时，他们自己也会感受到被孤立、受伤，以及周围人对他们的不满。有些孩子还会因为缺乏自信而担心自己被别人讨厌。而过于在乎他人的眼光则会让这些孩子更容易受到外界环境的影响，例如，变得越来越焦虑，或开始抑制自己的情感。

因此，身为父母，必须与孩子建立充分的信赖关系，给孩子足够的安全感，并尽可能缓解他的不安与紧张。同时，父母要对可能引起孩子不适的环境有足够的预判，并提前做好准备，给孩子细致的照顾。即便孩子在家中的状态和在学校的表现大相径庭，也都是孩子真实的一面，家长要做的是与学校保持密切的联系，以便加深双方对孩子的了解。

第2章

针对朋友或兄弟姐妹的行为

11 总是表现得很暴力

经常有暴力行为的孩子，一般都是从小养成的。如果只是在孩子实施暴力时以语言制止，并不能真正让他意识到这种行为是不对的。其实当问题正在发生时，才是让孩子学会正确言行、获得成长的大好机会。只不过大人如何应对才能打动孩子，这是需要我们用心思考的。而大人的处理方式，不仅会影响这个有暴力行为的孩子，对其他围观的孩子来说也是一种学习。孩子的感受力天生就很敏锐，大人良好的示范，能让孩子们成长为一个温暖有爱的人。

那些有暴力行为的孩子，他们可能不仅仅是在学习或交友方面出现了问题，在他们内心深处可能隐藏了更多不为人知的痛苦与矛盾。所以学校和家长要经常沟通，明确各自的任务，同时借助周围其他孩子的力量，让有暴力行为的孩子感受到“来自他人的温暖”。

例 1 对朋友恶语相向

应对方式 他只是不知该如何表达

老师 你希望他怎么唱呢？

小 A 呃……这么唱！

老师 真好听！小 B，你也试试。

小 B （也唱了起来）

老师 唱得真好！你们两个人一起唱，一、二——

小 A、小 B （两人合唱，周围响起掌声）

老师 对了，小 B，刚才疼不疼啊？

小 B 吓了一跳。

老师 ……（看向小 A）小 B 被吓了一跳。

小 A 对不起。

小 B 没关系。

重点 1. 对孩子的感受表示理解，并帮他表达出来。
2. 通过对话让孩子自然表达出自己的情绪。
3. 良好的表达方式，大人应先做好示范。

例 2 用暴力的方式表达自己焦躁的心情

应对方式 让我们一点点地温暖孩子的内心吧

老师 怎么回事?

小 Y 我没打人!

小 C 肯定是他做的。

小 D 小 Y 总是特别暴力。

老师 有人看到小 S 被打吗?

所有人 ……

老师 没人看到啊。

小 S 其实……没打到我，我就是被吓了一跳。

老师 还好小 S 解释清楚了。在叙述事情经过时，希望大家只说自己看到的。不过小 Y 用跳绳抽打桌子，即便没打到人，也是会让大家觉得害怕哦。

装作不经意地向孩子提供持续的帮助

利用课间的碎片时间，装作不经意地给予孩子持续的帮助。

重点
1. 对事件进行梳理，找出事情真相。
2. 指出孩子的问题行为。
3. 培养和孩子的一对一关系。

心理咨询师如是说

通过对有暴力行为的孩子的研究，我们了解到，家庭成员间的矛盾，对朋友、老师、父母不满，以及自身欲望得不到满足，都会导致孩子将自己烦躁的情绪发泄在周围人身上。这些孩子其实也需要朋友，可他们粗暴的言行却让其他孩子避而远之。这种求而不得的情绪，有时会导致校园暴力的产生。而这些孩子之所以会出现暴力行为，除了上述心理原因，还有一点就是在他们的成长过程中，要么受到过暴力行为的伤害，要么目睹过暴力行为。

所以在对待这些孩子时，首先要找出引起孩子不满或烦躁的原因，帮他们释放内心积压的不良情绪，并想办法帮助他们提高自我表达以及与人交流的能力。

12 校园欺凌

在处理校园欺凌问题时，保护被欺凌者自是理所当然，但同时也不能忽略欺凌者内心的不安、不满，以及悲伤、愤怒、自卑等负面情绪。这些孩子其实是想摆脱负面情绪，并获得更多关注，但他们缺乏自信，而且不知该如何去做，所以往往选择通过欺凌行为平复内心的怒气与不快。

他们明白，欺辱别人同样会对自己造成不良影响，但他们不在乎。因为他们知道这样能够获得周围人更多的关心与关注，而这正是他们所需要的。表面上，他们抗拒来自他人的帮助，但在他们的心底很渴望有人能给他们带去温暖。

所以要想解决孩子的欺凌行为，必须找出促使孩子做出这种行为的根本原因，比如，是学习遇到了障碍？是父母的期待让他感到窒息？还是对父母、老师有所不满？抑或是与朋友的交往出现了问题？只有找到问题所在，才能有针对性地给予孩子帮助。

另外，还有些孩子会因为一些误解或与他人意见不合，而感到自己被疏远、被歧视，并固执地认为自己的感受不会错。为了避免情况变得更复杂，大人应耐心倾听孩子的心声，同时也让孩子了解大人的心情，让孩子感受到“自己没有被忽视”“自己不是被孤立的”。

例 1 被欺凌者变身欺凌者

应对方式 让孩子感受到与朋友在一起时的快乐和舒心

■ **大家一起“抵制”欺凌行为。**

- 老师假装不经意地用身体分开双方。
- 和欺凌者说话，转移他的注意力。
- 带被欺凌者离开事发地。

■ **大家“齐心协力完成某件事”。**

- 首先，让身体动起来。
- 让孩子体会和朋友一起努力所带来的感受。
- 体验配合他人。
- 学会控制自己的身体及节奏。

■ **让孩子有值得他信任的人，有放松的场所。**

- 家：你是全家人的宝贝。
- 放学后：与社团伙伴及教练相聚的时间。
- 让孩子感受到自己被认可、被接受。

重点 1. 不要掩盖欺凌行为。在获得欺凌者本人及其家长的同意后，发动全班甚至全年级同学帮助他。
2. 不要认为孩子“给大家带来了麻烦”，可以换个角度，将孩子的行为看作“他学会了提出自己的主张”，对他来说是“一次成长的机会”。
3. 在游戏和玩耍等限定的场景中，规则通常是比较容易理解的，可以在日常生活中及上课时加以灵活运用。

例 2 没人喜欢我……

应对方式 亲子间要有属于自己的小暗号

身体的接触是十分重要的

■ **确保孩子有和父母独处的时间。**

- 一起洗澡：让孩子的身心感受到温暖。
- 帮父母买东西：让孩子有成就感。
- 帮忙做饭：感受与父母合作完成一件事带来的快乐。
- 适当的身体接触：能让孩子心情愉悦。

■ **交谈的同时，也要“交心”。**

孩子 我走啦。

妈妈 好。

孩子 你不应该只说“好”吧，应该说“注意安全”，还要温柔地说!

妈妈 对不起，对不起。注意安全哦！今天给你准备了小松饼做点心哟!

重点 要让生活充满仪式感，但又不能做得太刻意。

心理咨询师如是说

我们对有欺凌行为的孩子进行了研究，发现引起欺凌的原因多种多样。有些孩子明明想交朋友，却不知该如何与朋友交往，他们的言行在周围人看来充满了欺凌的味道。有些孩子是内心的某些需求得不到满足，也不知该如何处理内心的不满情绪，于是选择将怨气撒在周围人身上。另外，嫉妒心理、支配欲，以及因不喜欢对方而产生的想疏远对方等情绪也会引发欺凌。还有些孩子甚至认为欺凌行为仅仅是一种游戏。

可以看出，当孩子作为欺凌者时，即便他们的心态有相似的地方，但也有其各自的原因。即便是有团体性质的欺凌行为，处于团体中心的孩子，和团体中其他孩子的心理也是不尽相同的。所以在纠正个人或团体的欺凌行为时，要首先搞清每个孩子的心理状态，再向他们反复强调欺凌行为的不合理性。

13 无法原谅他人的失败

当孩子处于一定成长阶段时，可能会出现宽以律己、严以待人的情况。而不恰当的教育方式，同样也会让孩子出现自己可以犯错，却不允许他人失败的情况。当这类情况出现时，大人应介入孩子之间，帮助他们沟通，并引导孩子从积极的角度看待问题。

大部分家长希望孩子“善解人意、有同情心”，所以从小就会教孩子懂礼貌、讲规矩。但对孩子的这种教育需要根据孩子的成长调整方式。若过早给孩子灌输这种思想，很可能会导致孩子对大人过于言听计从，反而让孩子失去应有的天真，并且不利于孩子的人际交往。

“只要功夫深，铁杵磨成针”“世上无难事，只怕有心人”，在这种思想灌输下，孩子的身心都会被束缚，他们衡量人、物甚至自身的标准也会变得严苛。所以当孩子出现这种状况时，家长一定要反思自己在教育中哪里出了问题。

同时，和孩子交流时要尽量保持温柔，要让孩子知道父母对他的爱不会因任何事而改变，自然也不会因为他没有努力而不爱他。

例1 过于争强好胜

应对方式 对孩子的努力给予充分的肯定

小K ……都是因为他摔倒了，我们才输的。

老师 这次好可惜，老师知道你们很想赢。不过小K的表现已经非常出色了，你不是超过了两个人嘛。

小K 是啊，我从来没像这次这么卖力过。

老师 我知道，你是想把因为小T摔倒而落下的距离追回来。

小K 不过弯道超人太难了，不减点儿速度不行……

老师 这一点你要记得告诉小T哦。

小K 我一会儿就去和他说。还要告诉他要在直道加速超人……

老师 你如果能教给小T这些，他也一定会喜欢上跑步的。

站在朋友的角度分析问题，帮他扩展思路

重点

1. 获得他人的认同能让孩子的情绪稳定下来。
2. 孩子平静后更容易接受现状。
3. 帮孩子扩展思路，让他除了想“取胜”外，还拥有其他的目标。

例 2 对爱讲道理的妈妈和实力至上的爸爸来说，孩子是不允许犯错的

应对方式 父母和孩子一起去做做运动吧

■ **希望孩子获得的能力。**

- 与人见面时能够微笑点头。
- 遇到麻烦时能够从容应对。
- 能够用语言改变自己或他人的心情。

人的内心是很难被外界所改变的。所以先试着一起运动，然后逐渐改变和孩子的相处方式吧。

妈妈 走了这么久，出了好多汗啊，真舒服！

爸爸 我们在这儿吃点东西吧。

孩子 我有点儿渴了。

妈妈 呀，我忘带餐垫了。

爸爸 用报纸行吗？

妈妈 可以可以，太好了。

孩子 报纸有点儿小啊，但这样也挺有意思的。

妈妈 就算没餐垫也总会有办法的。渴了吧？来，喝点儿水吧。

大家（互相对视） 嗯——，好喝！

重点 1. 父母要重新审视自己之前的教育方式是否符合孩子在各个年龄段所具备的感受力、社会性及情绪特点。

2. 转换教育方式时切记不要过于突然，要有切实可行的方法。

心理咨询师如是说

有些孩子不但不能接受父母、老师犯错，甚至不允许身边的小伙伴犯错。在孩子的成长过程中，若幼儿时期从父母处获得了足够的爱，与父母建立起充分的信赖关系，那他自然会成为一个善解人意且富有同情心的人。而那些抓住别人错误不放的孩子，在他们的成长过程中往往有些环节是缺失的。

另外，这些孩子还会用大人对他们的方式对待其他人，并通过责备他人让自己的内心获得平衡。

在面对这种情况时，首先不要急于否定孩子，而是要听取他对对方究竟有什么不满，并做好共情。在此基础上，想办法让孩子去理解、接纳对方。

14 和大人唱反调

有些从小很听话的孩子，为什么突然对他人的期待变得很抵触呢？

例 1 中，由于妈妈忙于照顾生病住院的弟弟，姐姐从上小学前就开始帮妈妈做力所能及的家务，比如打扫卫生、洗碗等。上中学后，更是连做饭都成了她的事。所以升入中学没多久，当她见到两周未回家的妈妈时，说出了“你不是我亲妈”这句话，同时拒绝再做任何家务。

在例 2 中，担任班长（中学二年级）的男孩不但拒绝做老师布置给他的任务，甚至和其他男孩子一起抵制老师。

例 1 中的孩子，她从小就努力，并想通过努力获得母亲的疼爱，却只能压抑自己内心的感受。当她的忍耐达到极限时，就出现了上述状况。作为父母，刚开始一定会感谢孩子的“帮助”，但时间一长，难免就会把孩子的付出当作理所当然，甚至会忽略对孩子表示理解与关怀。

而例 2 中，担任班长的孩子由于害怕替老师做事会让自己受到其他小伙伴的排挤，所以产生了反抗行为。处理这个问题时，需要充分考虑这个孩子的人际关系，以及他在学校的处境。

例 1 努力与忍耐已达到极限

应对方式 要设身处地理解、接纳孩子

- 慰劳孩子，并对她表示感谢。
- 帮孩子找到其他有类似情况的小伙伴，让他有吐露真心的地方，同时能与他人产生共鸣。

小患儿的兄弟姐妹群

例 2 为了避免被小伙伴孤立而出现的反抗行为

应对方式 在班中树立互帮互助的风气

■ **清楚班级中的人际关系。**

清楚班级中的人际关系，是老师管理好班级的基本要求。社团伙伴（A 和 B 是竞争对手）、关系好的小团体、被孤立的孩子等，老师对这些时常变化的关系要做到心中有数。很多时候，校园欺凌行为正是发生在一群关系很好的小伙伴当中。所以老师要敏锐地观察到小团体中各成员间关系的微妙变化，当有值得注意的情况发生时，要及时介入。

让大家了解并接受每个人身上的优点

■ **倾听孩子的意见。**

- 凭什么都是老师做决定！！
- 想举行选举活动。
- 让想做的人做！
- 分小组讨论好。
- 推荐吧！
- 一学期一换怎么样？！

心理咨询师如是说

对那些被大人赋予了殷切期望的乖孩子来说，周围人对他们的认可，就是他们的动力来源。而听话是这些孩子为了适应所处环境而选择的一种生存技能。

对孩子来说，在他们学习规则、纪律时，听话确实是十分必要的，但若他们过于听话，却可能会引发其他问题。

当孩子进入青春期后，他会感到一直以来的生活、行为方式变得不再适合自己，并为此感到困惑。为了寻求改变，有些孩子会改变对老师或家长的态度，甚至出现叛逆行为。

孩子的叛逆行为往往会以不同的形式表现出来。有些孩子会直接顶撞父母、老师；有些孩子会拒绝上学；还有些孩子会对父母施暴。无论孩子有什么样的表现，大人所要做的是，倾听孩子的诉求，同时反思自己与孩子的关系是否存在问题，并想办法改善。

15 万事遵从他人意愿

有些孩子从来不发表意见，只会附和他人，遇到事情时，他们也只会按照他人的要求去做。造成这种现象的原因，主要有以下几种：

1. 大人帮孩子做得过多，没有给予孩子独立思考、做决定的机会。

2. 曾经的失败让孩子失去了信心，以至于不敢再发表意见或做出行动。

3. 为了防止与他人发生争执而表现出的内向甚至消极的态度，其实是一种自我保护。

随着年龄的增加，这些孩子中有极少一部分会变得令人担心。而之所以会让人担心，是因为这些孩子并没有具备该阶段的孩子所应有的思考力、判断力、行动力等。另外，这些孩子将来还容易受到校园欺凌，甚至有可能因为不会拒绝而加入不良团伙。

但是大人对此也不用过于担心。只要让孩子勇敢地表达自己，让孩子敢于按自己的意愿行动并体会其中的喜悦，他的状态就能逐渐得到改善。

例 1 沉默不语

应对方式 让孩子恢复自信，并培养孩子自己做决定的能力

成功能给人带来自信，反之，若成功的体验太少，孩子就可能会表现出缺乏自信、依赖心强等状态，甚至无法自己做决定。所以，需要鼓励这些孩子按照内心的想法去行动，在一次次的成功中不断积累经验。这一过程必定需要花费不少时间，大人切不可操之过急。

老师 你自己是怎么想的呢？

孩子 嗯……我也不知道……

老师 要想完成这件事，是不是可以采用方案 1，也可以采用方案 2？那还有没有其他方法呢？

孩子 方案 1 不太好吧，方案 2 倒是可以，不过……

老师 哦，方案 2 可行，不过什么呢？

孩子 用方案 3 怎么样呢？

老师 这是个新方法呢！

孩子 我用方案 3 试试看吧……嗯，我自己试试看！

重点 由于年龄关系或表达能力尚未发育完善，当孩子不能很好地用语言表达自己的想法时，大人为孩子提供一些选项可有效地帮助孩子做出选择。

例 2 迎合对方，避免争执

应对方式 让周围的小伙伴一起帮助他

小 A 今天放学以后去公园集合吧。

小 B 几点？小 C，你也去吧。

小 C 嗯……（其实我今天想去图书馆）

小 A 那大家下午 3 点公园见啦。

老师 小 A，小 C 看起来像是有心事啊。

小 A 小 C，你怎么了？

小 C ……

老师 小 C，你是不是想去图书馆查东西啊？

小 B 啊，是吗？

小 C 嗯，本来是这么想的。不过没事，去公园也行。

小 A 哦，是这样啊。

小 B 要不然大家一起去图书馆吧。

小 C 谢谢……

老师 小 C，你看，说出自己的想法，结果不是挺好的吗！小 A、小 B，谢谢你们啦！

重点 引导孩子结交能令他勇于表达自我的朋友，建立“自己的交友圈”。

心理咨询师如是说

和经常与他人发生冲突的孩子相比，万事听从别人的孩子会让大人省心不少，在幼儿时期甚至可能会被评价为乖孩子。但随着年龄的增长，他们会逐渐表现出不自信及过强的依赖性，还可能出现被欺凌或是加入不良团伙等问题。

很多这样的孩子，在成长过程中都受到了大人过度的保护，过着衣来伸手、饭来张口的日子，因此失去很多尝试与体验的机会；还有些孩子从小被大人灌输了“拒绝别人是不好的”“要听大人的话”“不能说伤害别人的话”等观念，所以形成了压抑自己、迎合他人的性格特点。

所以在与孩子相处的过程中，要教给孩子在尊重对方的同时，也能以恰当的方式表达自己的感受及意见，让孩子学会“在尊重他人意见的同时也要尊重自己内心的感受，并找到适合的表达方法”。

16 追求并不适合自己的事物

生活中充斥着许多对孩子极具诱惑的商品，而且基本上只要肯花钱就可以买到。有些孩子可以做到有计划地使用自己的零用钱，可还有一些孩子会因一时兴起而冲动购物。若父母对他们的做法不加干涉，他们的欲望就会越来越强，结果就是孩子花钱大手大脚，或是追求并不适合自己的东西。

这种情况的发生，可能是孩子为了填补心理上的缺失，可能是父母在消费上亦如此，还可能是亲子关系出现了问题。

要解决这个问题，要让孩子了解与他相同年龄段的孩子的消费习惯是什么样的。和孩子一起外出购物时，引导孩子思考，例如“这个是否真的需要”“是否适合自己”“应该怎样花钱”等。若感受到孩子是在用物质弥补内心的不安、不自信，那就要用充满爱的语言说出孩子的优点，平复他的情绪。也可以建议学校找时间和孩子们聊聊关于金钱的话题。

例 1 如果和别人不同就会感到不安

应对方式 让孩子认识到自己的优点，认清什么才是适合自己的

孩子 给我买这件衣服。歌手M就有这件衣服，现在可流行了。

妈妈 你真的需要它吗?

孩子 我朋友都有呢。

妈妈 你就算不穿这件衣服，也足够优秀啊!

◆ 引导孩子思考要买的东西是否真正适合自己（是否真的是必需品）。
◆ 再想想已有的物品中是否有可以替代的（对物品要爱惜）。
◆ 回想一下是否被广告诱惑了。
◆ 让孩子学习理想的消费模式。

重点 和孩子一起去购物时，告诉孩子每一件他想要的物品的具体价格。

例 2 用物质填补缺失的爱

应对方式 光靠物质是满足不了孩子的

我们发现，有很多孩子会用物质填补自己内心爱的缺失，在他们的成长过程中，身边的大人也是这样用物质或金钱来麻痹自己的。而用物质弥补孩子的感情缺失，或通过物质给予孩子安全感，这种情况不仅仅发生在家中，在学校，乃至整个生活区域内的人际交往中，都有可能发生。

但是，众所周知，仅有丰富的物质生活是无法让孩子感到满足的。所以，大人要给予孩子足够的关注，及时觉察到孩子的不安，多陪他聊聊天，多抱抱他，从而让孩子的精神世界也获得满足。

重点 爱，是孩子的精神食粮，是无法用金钱与物质替代的。怀着一颗爱心，用充满爱意的语言去滋润孩子吧。

心理咨询师如是说

有些孩子会对一些不适合自己的玩具、衣服、文具等抱有很深的执念，有时为了达到自己的目的甚至不惜使用暴力。而家长往往会因忍受不了孩子的一再要求而妥协。

其实遇到这种情况时，家长应确认孩子想要的东西是不是他真正需要的，再根据实际情况做出恰当的处理。

我想让大家思考的是，孩子为何会如此强烈地想拥有一件物品，他心里究竟在想些什么呢？因为有些时候，孩子当时的确想要那件物品，可一旦回家，他可能连包装都不拆就把东西扔到了一边。

有些孩子会用物质弥补内心的不安及不自信；有些孩子会通过让家长买东西的行为确认父母对自己的爱；还有些孩子只是单纯地想在小伙伴面前炫耀。

所以在处理这种情况时，要认清孩子内心的真实想法，理解、包容他，并在此基础上选择合适的应对方式。

17 不愿与朋友分开独自回家

放学后和小伙伴们说“再见”，然后开开心心地回家，这对大多数孩子来说是再自然不过的事。但也有一些孩子由于家庭或自身情绪原因，会出现对独自一人回家感到不安的情况。

例如，有些孩子担心自己离开后其他小伙伴会在背后说自己坏话，所以不愿独自行动；有些孩子即便回家，家里也只有自己一个人，所以不想和朋友们分开；还有一些孩子，他们曾经在回家的路上遇到过不怀好意的人，或是目睹过一些可怕的事情，如交通事故等，因此心理受到打击，会下意识地回避独自一人回家。当然，还有一些孩子只是单纯地想和朋友在一起，这种情况很大程度是由于孩子的界限感比较模糊而造成的。

不管怎样，要解决问题，首先需要学校和家庭共同努力，找出问题的根源所在。

对于年龄还小、表达能力还不强的孩子来说，家人可以多陪其一起上下学，排查问题的原因。另外，必要时还可以向相关咨询机构寻求帮助。

例 1 生活中缺乏遵守约定的意识

应对方式 要不厌其烦、一遍遍地告诉孩子遵守约定的重要性

■ **生活中定规矩（上下学途中）。**

- 不绕路，按规定路线上下学。
- 上下学途中不逗留、不玩闹。
- 放学先回家，然后可以和朋友们出去玩。

■ **培养孩子遵守约定的意识与态度。**

- 日常的安全教育要持续，且执行要彻底。
- 让孩子回顾自己的行为并做出评价。
- 和朋友形成相互提醒的互助模式。

重点 听听孩子的解释，同时引导孩子思考，让他自己意识到之前哪些行为是需要改进的。

例 2 一个人好孤单

应对方式 要和孩子共情，而不是讲道理

■ **在学校。**

- 单独和孩子谈谈心，了解他不愿独自一人回家的原因。
- 放学陪孩子一起走，在这个过程中观察、了解孩子。
- 多与孩子家长交流，必要的时候可以寻求咨询机构的帮助。

■ **在家中。**

- 每天都要与孩子有足够的肢体接触。
- 让孩子了解家人每天的安排以及回家的时间，消除孩子的不安情绪。
- 逐步让孩子做一些力所能及的家务，培养他的独立性。

重点　解决这类问题通常需要一定的时间，不要心急，一步一步来。

心理咨询师如是说

在我接触的孩子中，有些孩子不愿和小伙伴分开，不想独自回家。而这其中，有些孩子是因为还没和小伙伴玩够，所以不想分开，还有一些是怕自己离开后，剩下的人会说自己坏话，所以对独自离开感到不安。

无论是哪种原因，作为孩子的家长，都应从孩子的角度重新审视家庭教育中是否存在某些问题。

除此之外，还有两种情况：第一，有的孩子回到家，因为家中只有自己一个人，所以会感到孤单。出于撒娇的心理，他们选择在其他人都回家后自己再回家，这样到家时家中能有人迎接自己；第二，还有些孩子，家中虽然还有其他人，但他感到在家中没有容身之地，所以会选择尽量避免与家人接触。这两种情况都需要家庭与学校互相配合，解开孩子的心结。

18 重度手机依赖

手机的普及为我们的生活带来了很多便利，而这也使孩子之间的交流方式发生了变化。如今的“交流”已打破时间与空间的限制，孩子们可以随时随地与自己的朋友取得联系。

随着孩子年龄的增长，他们与朋友的关系会越来越密切，并且会建立起一个只属于他们自己的世界。相信成年人也经历过这样的阶段。从这一点看，手机作为孩子们交流的工具，还是有一定存在必要的。但若孩子不分时间段地打电话、发信息或“煲电话粥”，出现了过度依赖手机的状态，那就不能不加以干涉了。

根据孩子依赖手机的原因不同，处理方式也是不一样的。若孩子只是单纯地过度使用手机，那只要帮孩子认识到问题所在即可。可如果是其他原因导致孩子出现了对手机的依赖，则必须先从根本上解决问题。这种情况下，不能粗暴地禁止孩子使用手机，而是要耐心和孩子好好谈谈（听听孩子的解释）。

例 1 不管什么时候，总想给别人打电话

应对方式 不要单方面禁止，而是和孩子一起研究解决方法

■ **在家中。**

找出原因，制订改善方案。

◆ 学习等事情占用了孩子太多时间，以至于和朋友聊天的时间都没有。
→重新安排每天的时间，保证孩子每天都有一段时间可供他自由支配。

◆ 有些在学校发生的矛盾或是与异性相关的问题不想让父母知道，只能寻求朋友的帮助。
→在手机的使用时间等方面做出约定。

◆ 与家人关系冷淡，即便在家也会感到孤独。
→想知道孩子内心的真实需求，父母需要花时间用心与孩子交流。

重点 理解并呵护孩子的内心感受，和孩子一起寻找解决方法。

例 2 手机真的太方便了

应对方式 引导孩子自己思考应如何正确使用手机

■ **在学校。**

让孩子自己思考的同时，也要给予必要的指导。

- 使用时要遵守相关的规定。
  →要反复强调，在校时，以及清晨、深夜、吃饭等时间不可使用手机。
- 使用手机时也要替对方着想。
  →让孩子意识到，不考虑时间等因素就给对方打电话，有可能会给对方造成困扰。
- 让孩子了解手机费的使用情况。
  →让孩子考虑手机费是由谁、用什么钱来支付的，这里面是否包含一些不必要的支出。

重点 培养孩子识别、回避危险的能力，以防掉进电话诈骗的陷阱。

心理咨询师如是说

刚刚分开的两个人，转头就拿起手机继续聊刚才的话题；看似是朋友的几个人，却各自抱着手机发消息；不分时间地“煲电话粥”、发消息……

这些情况现在不仅发生在成年人身上，有些孩子也出现了这种对手机过分依赖的情况。

另外，“信赖”“背叛”“厌恶”等，这些很难当面表达的情绪，通过信息可以与对方进行认真的沟通。

手机的普及在给我们的生活带来便利的同时，也改变了孩子们的交流方式。当然，每个孩子对手机的依赖程度不一样，若已达到手机不离手，“随时都要与他人有联系”的程度，那就需要家长的介入了。

首先，要对孩子表示理解。其次，要审视家庭成员间的关系是否出现了问题。最后，试着和孩子一起制订在家中使用手机的规则。

19 即便被戏弄也不会反抗

有时候，即便是看起来玩得很开心的几个小朋友，事实上其中可能有人并不是真的开心。大人可能会隐约感到孩子间的关系“有些不对劲儿”，可如果直接询问孩子，却很难得到真实的答案。造成这种情况的原因大致有以下几点：

- 认为这是正常的朋友相处模式。
- 如果和大人说，会被小伙伴报复。
- 不想被别人发现自己的软弱。

……

总而言之，就是孩子没有余力或不知如何改善自己的处境。

当大人意识到可能存在问题时，一定要多加注意孩子的一言一行。若孩子总被同一个孩子嘲笑，或大人隐约感到孩子受到了粗暴对待，应立即制止这种行为，并给予孩子正确的引导。

在日常生活中，要让孩子了解“良好的人际交往会让人感到身心愉悦”，并经常向孩子强调“让自己处于安全的场所或环境的重要性”，同时让孩子学会站在他人的角度思考问题。

无论是在家里还是在学校，都可以利用游戏的方式培养孩子与朋友的沟通能力，并通过反复的练习让孩子学会如何准确地表达自己的喜怒哀乐。

例 1 感觉周围的人都好可怕，所以什么都不敢说

应对方式 通过反复的练习让孩子学会如何表达自己的真实情感

■ **和大人一起练习。**

- “悠闲自在地聊天”可以给孩子带来安全感。
- 向孩子示范如何表达“内心的想法”：

“你刚才开心吗？”

“没什么特别的感觉……算是开心吧……”

“这样啊……不过，感觉你看起来不是很开心的样子，所以有点儿担心你啊。”

……

“老师希望你能真的开心起来，所以，有什么可以帮你的吗？”

■ **对戏弄别人的孩子给予足够的注意及教育。**

- 防止戏弄人的行为加剧或再次发生。
- 持续关注孩子之间的关系。
- 让孩子们学会相互理解、相互包容。

重点　引导孩子表达自己的感情，同时让孩子知道大人会和他一起想办法解决问题。对于孩子想保守的秘密不要追问。

例2 不知道该如何表达内心的感受

应对方式 接纳孩子的所有情绪

■ **情绪被接纳的孩子。**

妈妈 其实你当时是不愿意的吧？

孩子 （原来我是不愿意的啊，这也太可悲了吧。）

妈妈 不管有什么事，你都可以和妈妈说。

→孩子可以认清自己内心的真实情感。

■ **情绪不被接纳的孩子。**

妈妈 你怎么了？就这么点儿事，至于嘛！

孩子 （我不能为这种事不开心，我得振作起来。）

妈妈 唉？人家那么对你，你为什么不说啊？

孩子 （太糗了，我不好意思说啊。）

→为了不被骂，选择隐藏自己的真实感受。

◆ 愤怒、悲伤、喜悦、孤独、自信等，只有体会过这些情感，才更容易理解他人的感受。

重点 不要轻易对孩子说“加油”“坚持”，一定要让孩子感到和大人商量是正确的选择。

心理咨询师如是说

当孩子受到周围人的戏弄，甚至是欺凌时，若保持沉默或一笑了之，很可能会导致这种行为的激化。一方面，无论孩子是出于想掩饰自己的痛苦，还是认为“无法改变现状”而选择忍耐，长期被戏弄都会让他感到很无助。另一方面，对于戏弄别人的孩子来说，可能由于其他人也在这样做，所以他并未因此感到内疚，也可能是因为他真的认为自己的行为仅仅是在开玩笑。

对被戏弄的孩子，除了给予必要的指导外，还要给予他足够的理解与共情，力求与孩子建立牢固的信赖关系，并在此基础上逐步教会孩子如何恰当地表达自己的真实感受。

另外，要告诉其他孩子哪些行为会给人带来伤害，让孩子们知道“虽然被戏弄的孩子没有反抗，甚至表面上还笑嘻嘻的，但其实他的内心已经受了伤”。

20 即便遭到欺凌也不去想办法摆脱这种状态

对遭受欺凌的孩子，无论是身体上还是心理上，大人都要给予足够的关注，并怀着相信问题一定能得到解决的积极心态，陪伴在孩子身边，呵护他们受伤的心灵。

对于欺凌方也决不能放任不管，不但要阻止他们的暴力行为，并对他们保持持续的关注，还要和每个参与其中的孩子单独聊一聊，了解他们的家庭状况，找出他们欺凌行为背后的问题所在，并帮他们解决问题。

然而，因为被欺凌的记忆过于痛苦，有些孩子宁愿选择压抑自己的感情，也不愿寻求他人的帮助，也不会为了改善自己的现状而做出任何努力。还有些孩子虽然想反抗，但是由于担心这样做会使欺凌行为进一步升级，所以没有勇气也没有能量对欺凌者说“不”。另外，还有些孩子之所以保持沉默，是出于爱面子，不想被别人知道自己受了欺负。

所以在生活中，最重要的是让孩子的生命力得到充分绽放，让他们对生活充满希望。还要让孩子知道，自己是独一无二的。同时要培养孩子的自信与爱心，让他成为一个会爱自己也会爱他人的人。

例 1 没有自信，日渐消沉

应对方式 给孩子支持，并让他知道你“永远是他最忠实的伙伴”

■ **为孩子创造能使其内心获得平静的时间及空间。**

- 让孩子做他擅长的事情。
- 陪孩子一起玩。
- 建议孩子去散散心。
- 自然的身体接触。

■ **如果孩子遭到了欺凌，不要因为心急而强行逼问。**

- 向别人讲述自己的痛苦经历，这一过程本身会让人感到很难受，对此一定要表示理解（边共情，边询问）。

■ **陪在孩子身边，帮助他、支持他。**

- 让孩子知道他对你有多重要。
- 认真倾听孩子的每一句话。
- 称赞孩子的优点。

重点　“伙伴的存在”能让孩子从中获得安全感，而这种安全感又能促使孩子产生“我想维持这种状态”“会有好事发生”等积极的想法。所以，告诉孩子，你就是他的“伙伴”。

例 2 不管做什么都没用，还是算了吧

应对方式 培养孩子积极乐观的态度

■ **通过对话练习，让孩子学会表达自己的真实情感。**

多对孩子说能让他“放松的话”以及能“激发孩子勇气的话”。通过与孩子的对话练习，大人也能够加深对孩子的理解，从而更好地安抚孩子受伤的心。

- 包容、接纳孩子那颗疲惫的心。
- 不要对孩子说“加油”。
- 发现孩子的闪光点。

■ **帮助孩子修复与同学间的关系，创造一个良好的环境。**

- 明辨是非，公平对待。
- 对好的事情要尽可能多地表扬。
- 引导大家真诚地表达感谢与歉意。

你也是班中的重要一员哦

重点　帮孩子重拾自信，让他知道他也是集体中的重要一员。在与孩子的交往过程中，大人一定要保持真诚的态度。

心理咨询师如是说

在遭受欺凌的孩子中，有很多孩子能够意识到自己处境不妙，但越是年纪大的孩子，往往越不愿向周围人求助。其中有些孩子曾向老师、家长寻求过帮助，但结果却是欺凌行为不但没有停止，反而变本加厉，所以他们放弃了这条路。

另外，不仅仅是大人，很多孩子也被灌输了“欺凌行为的发生不仅是欺凌者的问题，被欺凌者也存在问题”这样的观点。所以，承认自己遭到了欺凌，就相当于承认自己有不足之处。这就使得一些孩子为了维护自己的尊严，而选择了隐瞒事实。还有些欺凌者和被欺凌者其实同属于一个小团体，被欺凌者出于不想被团体成员排挤，会以不告发的方式显示自己很讲义气。

由此可见，孩子之所以会选择沉默，理由也是不尽相同的。但不管原因为何，在处理此类问题时第一步都是一样的，那就是与孩子共情，肯定孩子所做出的一切努力，并给予支持。

21 不愿与人交往

在有些人的认知中，孩子不愿与人交往并不属于大问题，只不过是“孩子对他人的情绪变化过于敏感”造成的。在与他人的交往过程中，这些孩子会感到恐惧，或是受到伤害。总之，他们内心会被不良刺激或负面感情所充斥。

所以，为了避免再次经历这类不愉快，这些孩子选择用回避将自己保护起来，但他们的这种“自我保护”，同样可以看作向大人寻求帮助的信号。这时若强行将他们拉出“自己的保护壳”，很可能会使情况恶化。

另外，对情感发育尚不健全，或无法准确表达自己感受的年龄较小的孩子来说，不愿与人交往也是比较常见的。

不管出于哪种情况，归根结底，都是由于无法很好地与他人沟通造成的。家长若放任不管，便有可能对孩子健全人格的形成产生不良的影响。

所以，要在日常生活中让孩子感受到与他人交往所带来的快乐与放松。必要的时候，也可向专业机构进行咨询。

例 1 和人打交道又麻烦又无聊

应对方式 用身边人的积极态度去感染孩子

妈妈 不想见人是吧？现在是不是有点儿不开心啊？（猜测孩子的感受）

小 A 嗯，头疼……

妈妈 是一想到要见人，头就会疼吗？（猜测孩子的感受）

小 A 一想到要被问这问那，就会头疼。

妈妈 上次和别人说话的时候，是不是也头疼了？（示意孩子什么事都可以和妈妈商量）

小 A 嗯，上次回答不上人家问题的时候，头就疼了。

妈妈 哦，没回答上问题啊。那人家问你什么了呢？能告诉我吗？

◆ 不要否定孩子，多花些时间，慢慢就会找到突破口。

重点 1. 接受孩子不愿与人交往的状态，与孩子交流时也要多替孩子考虑。
2. 从简单的交往开始练习（从短时的接触开始，而且要陪在孩子身边）。
3. 在日常生活中发现孩子的闪光点，并给予肯定与称赞（“你帮我……了啊，谢谢啦”“我太开心了”）。

例 2 既不了解自己，也不理解对方

应对方式 让孩子做他喜欢的事情

- 如果孩子喜欢独自做某些事情，那就放手让他去做吧。相信孩子自己的选择。
- 和孩子一起商量在与人交往过程中能让自己放松下来的方法。有时一个人解决不了的问题，在与他人交流的过程中可能就会有所突破，同时从中获得勇气。

■ 为了消除孩子的不安，事先和孩子做好约定。 →只见少数人 / 只见喜欢的人 / 只见一小会儿。
■ 和孩子一起做某件事，如让孩子帮忙做事，等等。 →增加与孩子的接触、交流。
■ 告诉孩子不一定要始终敞开心扉，有时也可以关上心门（休息）。 →告诉孩子，与他人聊天时会感到无聊是很正常的。这个时候不一定要强迫自己去倾听，有时也要学会听而不闻（关上心门）。

重点 1. 有些交往方式是可以改善孩子状态的，所以一定要尽可能多地为孩子创造这类体验机会。
2. 要知道，做自己喜欢的事，是给自身充电的过程。

心理咨询师如是说

不愿与他人交往的孩子，很多是由于不愿与他人（社会）有关联。要找出造成这种情况的原因，最重要的就是反思孩子迄今为止是否与他人有过接触，以及接触的频率是多少。

每个孩子与他人（社会）的交往方式都是不同的，只要孩子或多或少与他人有过接触，那就不必过于担心，继续在身边守护他就好。

而且，不要将孩子的状态看作“有问题”，是“让人伤脑筋的”。因为他们只是对他人的情绪变化过于敏感，并且以往的人际关系让他感到有压力，出于自我保护，他们选择不再与他人交往。

所以，家人首先要改善自己与孩子的关系，让孩子在与家人的交往过程中感受到“安全”而非“危险”，再逐渐让孩子体会到人与人之间的交流所带来的快乐。

22 沉迷网络

网络既便利又有趣，只要有网络，不但可坐知天下事，还可以满足人们的求知欲，确实很有吸引力。而且通过邮件、短信息，还可随时与朋友联络，微博、朋友圈的出现，也让人们有了更多的机会展现自我。很多当面说不出口的话，人们通过网络也能够大胆地表达。可以说，只要方法得当，网络的确很方便。

但若使用不当，则可能会引发意想不到的事情，甚至会犯罪。所以对于沉迷网络的孩子，有必要协助他找到一个有节制地使用网络的方法。

随着电脑的普及，孩子们无论是在学校还是在家中，都能轻易地进入虚拟的网络世界。虽然学校也会教育孩子们如何规范、正确使用网络，但明显作用不大。

为了孩子们健康成长，网络的规范使用已成为每个家庭，甚至整个社会关注的事情。

例 1 好玩得停不下来

应对方式 要贯彻网络使用规范的教育

网络的便利
◆ 随时可以获得最新的信息，还能及时做出相应的处理。
◆ 提高了媒体的表现力。（沟通能力等）
◆ 合理使用可以丰富人们的日常生活。（增加人们的兴趣）

网络的危害
◆ 诽谤、中伤等言论可能会侵犯人权。
◆ 打开某些特殊页面可能会产生高额的费用或不明原因的扣款。
◆ 个人信息可能会被犯罪分子所利用。

重点 让孩子学会正确地分析、使用网络上的信息。

例 2　一个人挺开心的

应对方式　尊重孩子的世界，慎重处理问题

■ **避免这样的应对方式！**

爸爸　最近上网时间太长了吧，你都在干什么啊？这样很花钱的，你知道吗？

孩子　真烦！能不能别随便进我的房间？！

爸爸　有你这么和家长说话的吗？！

孩子　……（真烦）……

有些家长出于担心，会忍不住唠叨孩子，还会逼问甚至偷看孩子的聊天内容，这都是不可取的。作为家长，可以直接告诉孩子你的担心，并通过和孩子一起上网冲浪，和孩子建立起无话不谈的信赖关系。

若孩子的网瘾是由心理因素（有自闭倾向）造成的，则可向学校、相关机构寻求帮助。

重点　单纯地限制上网并不能从根本上解决问题。在网络世界以外，尽可能地为孩子创造更多有趣的体验吧。

心理咨询师如是说

网络的普及，为我们带来的不仅仅是便利的信息检索途径以及更广泛的交流途径，同时对我们的内心也产生了种种影响。尤其是对孩子来说，网络不仅增加了他们接触危险信息及不良刺激的机会，长时间沉迷网络也很有可能让他们混淆现实与虚拟世界。另外，网络特有的匿名方式，让人们可以轻易地将日常隐藏在内心的负面情绪发泄出来。

然而，面对同样的环境，有些孩子会沉迷，而有些孩子却不会。那些沉迷网络的孩子，很可能是在幼儿时期没有感受到现实生活的乐趣，所以网络世界对他们充满了诱惑力。因此，在日常生活中要加深与孩子的交流，给孩子更多的机会表达自己内心丰富的情感。

23 不肯外出活动

每位家长都很在意孩子在学校的状态。

“我家孩子太内向了，不知道在学校交没交到朋友……”

“我家孩子不擅长运动，今天好像也没去外面玩……”

家长有类似的担心是很正常的。因为就算问了孩子，也常常得不到令人满意的答案，这会令家长更担心。

对中低年级的孩子来说，随着班级和座位的变化，暂时不外出活动是不需要担心的。但如果孩子有了愁容，或是健康出现了问题，而且总也不见好转，那就要在持续观察的同时，向学校的老师和同学了解一下情况。

另外，也有些孩子本身就不爱外出活动，即便出门，也只是一个人捉捉虫子，并不会参与到其他孩子的游戏中。这时就要仔细观察孩子的表情，若孩子显出很开心的样子，那就说明他所做的是他真正喜欢的事情。

孩子的表情是很丰富的，我们在平时的生活中一定要多加观察，从不同的角度去深入了解他们。

例 1　不知怎么和人打招呼

应对方式　为孩子创造游戏环境，和孩子一起练习如何与人沟通

老师　不出去玩吗？你这么喜欢看书啊！

小 A　嗯，我挺喜欢看书的……

老师　出去玩玩不是也挺好的吗？

小 A　没觉得。再说，别人也不和我一起玩……

老师　你问他们了吗？

小 A　没问，反正他们肯定会拒绝的。

老师　你是害怕被拒绝吗？

小 A　嗯，而且也不知道如何开口。

老师　那我陪你练练吧。只要习惯了，下次就知道该怎么说了。

■ **如何为孩子创造放心玩耍的环境。**

- 创造和谐的班级氛围。
- 帮孩子融入集体。
- 不对朋友之间的矛盾坐视不管，而是和他们一起解决。
- 让孩子遇到问题时能想到找老师商量（倾听孩子的诉说并公平对待）。

例 2 对户外活动没有信心

应对方式 和孩子一起发掘有趣的活动方式

- **尽量多让孩子去做他喜欢并且有信心能做好的事情。**
- **和孩子一起发掘他认为有意思的活动方式。**
  - 随着音乐活动身体（情绪的释放）。
  - 亲子运动。
- **逐渐增加集体游戏。**
  - 能够培养孩子沟通能力的游戏。
  - 能够接触大自然的活动（露营、登山等）。

重点　即便在游戏中发生了矛盾，也不要紧张。让孩子知道你会陪着他，会帮他一起思考如何解决问题。

心理咨询师如是说

经常有家长找到我们，咨询孩子不肯外出玩的问题。其实，有些孩子天性就是喜欢在家里玩。还有些孩子，虽然本身喜欢在户外玩，但随着班级、身边朋友发生变化，也会出现一段时间喜欢宅在家里的情况。而且，即便是外出，也有孩子会选择独自一个人玩。所以，仅凭是否出门玩耍并不能判断孩子是否遇到了问题。

不管什么环境，不管是否有朋友陪伴，当孩子热衷于某件事时，我们要观察他是否乐在其中，这才是最重要的。而这也正是游戏的意义所在。

然而，有一个现象比较令人担忧，那就是很多大人貌似对孩子有着“孩子就是要在户外玩”这样的刻板印象。当然，这并不意味着不需要让孩子外出活动身体，体验和朋友一起玩耍的快乐，只是要注意方式、方法，慢慢引导，切莫强求。

24 无法融入集体

家庭是仅由家人组成的一个小集体，而校园则是由许多同年龄段的孩子组成的一个大集体，这是两者间的不同之处。在学校的集体生活中，必须遵守一定的规则，且跟上集体的节奏。孩子间的交往，不同于孩子与大人间的关系有明确的立场、身份差异，他们之间的身份会经常变换，因此也是复杂的。在学校，孩子们需要根据不同的场景调整自己的角色。

在判断一个孩子是否无法融入集体时，主要有两种类型需要考虑。

一种是极度内向的孩子。新的环境、新的集体会让这些孩子感到紧张，他们没有信心去主动融入陌生的环境，去结交新的朋友。

另一种是不会控制自己的情绪，容易感到焦虑的孩子。当事情没有按照他们预想的方向发展，或是遇到意料之外的事情时，他们就会感到强烈的不安与焦虑，情绪也会因此变得不稳定，甚至可能会惹出麻烦。对于这些孩子，首先要对他们进行仔细观察，看他们是否有融入集体的意愿，以及是否具有参与集体行动的能力。

例 1 好想和大家一起玩啊……

应对方式 对孩子的支持要控制节奏

- 老师可以先和孩子做朋友，陪他聊天，和他一起玩，做孩子学校里的避风港。
- 即便孩子无法融入集体也不要否定他，而是接受。
- 老师可以给孩子示范如何与朋友交往。
  “小××，咱们一起玩吧。”
  “小××，该你啦，下一个该我啦。”
- 将内心的想法用语言明确地表达出来。
  “你是想做××吧？”“你是想说××吗？”
- 老师用语言在一旁辅助。
  “‘××’这样也可以啊。”
  “如果‘××’这么说，大家就明白了。”

重点 对孩子不能融入集体这一状态不要急于否定。耐下心来，用孩子需要的方式给予他帮助，让孩子感受到“我现在这样没问题”“有人理解我现在这种状态”。

例 2 为什么啊！不应该是数学课吗？

当遇到出乎意料的事情时会表现出强烈的不安

应对方式 想办法让孩子更容易获取信息，尽量做到提前告知

■ **获得孩子的信赖。**

自己害怕的事情能够被人理解，这会让孩子在一定程度上感到安心。

■ **保证环境的安全，减少刺激。**

尽量减少对孩子的刺激，即便是批评孩子时也要保持冷静、平和。

■ **明确计划。**

若计划有变，要做到提前告知，何时结束，结束后有何安排也要一并告知。以文字或绘画的形式通知效果比较好。

提前明确告知

■ **集体行动时给予个别指导。**

靠近孩子并小声提示他，注意不要伤到孩子的自尊。

重点 改变孩子的行为模式需要很长时间，切莫急躁，静待花开就好。

心理咨询师如是说

孩子不能融入集体，背后的原因也是多种多样的。有些孩子本身就喜欢一个人玩，他们对加入集体并没有强烈的愿望；有些孩子虽然想融入集体，但内向及不自信使他们不知该如何做；还有些孩子不善于控制自己的情绪，在集体中容易感到不安并引发矛盾；等等。

处理这类情况时，要确认孩子是否有加入集体的意愿，从孩子的成长、发育角度观察孩子在人际交往中的状态，并针对每个人的实际情况做出恰当的应对方式。当孩子无法很快融入集体时，也要对他为了融入集体所做出的努力给予肯定。

另外，还有一点很重要，就是要帮助孩子在与大家的交往中找到“开心”与“快乐”，让他感受到在集体中会很放松。随着这种体验不断增多，孩子对集体的排斥感就会越来越少。

25 伤人的话总是脱口而出

有些孩子经常会不假思索地说一些别人不爱听的话，不但会引起他人的不快，有时还会伤害到他人。那么，他们为什么会这样呢?

对有些孩子来说，“攻击就是最大的武器”，他们是在用主动出击保护自己的身体（心灵）不受伤害；还有些孩子在日常生活中经常受到父母或身边大人的责骂，所以面对比自己弱小的对象时，他就会以大人对待自己的方式对待对方。

还有一类情况，就是孩子本身无意攻击对方，他们也没有意识到自己所说的话会伤人。这些孩子很可能患有广泛性发育障碍，他们由于在社交性及想象力方面发育欠缺，所以无法感受到周围人的情绪，也不会去揣测他人的想法，自然也意识不到自己的言行已伤害了对方。

对前者来说，在引导他们理解他人，不说伤人话的同时，还要帮助他们与他人建立良好的人际关系。

而对于后者，则需要有意识地培养他们的社交能力及与人沟通的能力。

例 1 为了释放压力而口出恶言

应对方式 培养孩子的同情心，帮助他与周围的人建立有温度的人际关系

老师 小B，被人说“笨”是什么感觉啊？

小 B 很生气。

老师 小 B 说他很生气。小 A，你怎么想的？

小 A 就是因为他笨我才那么说的。都是他的失误我们才输的……

老师 小 B，你对小 A 的说法有什么想说的吗？

小 B 失误是我不对，可也不能那么说我啊。

老师 哦，小 B 是这么想的。小 A，那如果你失误的时候被人说“笨蛋”“滚远点”，你会有什么感受？

小 A ……不乐意。

老师 哦，不乐意。我觉得小 B 刚才也不乐意了。

重点 发生矛盾（打架）后，要等冲突双方稍微冷静再商量解决办法。

例 2 想到什么说什么

应对方式 培养孩子的社交能力及沟通能力

老师 刚才小 D 一边哭一边说她被欺负了，怎么回事啊？

小 C 我就对她说了句“又矮又胖”，而且她本来就是这样啊。

老师 虽然可能你说的没错，但我觉得小 D 好像不希望别人这么说。

小 C 啊，为什么啊？

老师 人都不喜欢自己身体的某些特征被别人议论，所以出于礼貌，我们不该议论。那么，以后你会怎样对小 D 呢？

小 C 不说她矮，也不说她胖了。

老师 对了，你说老师“有两个下巴”，我也有点儿不高兴……

小 C 哦……

重点 边写边说可以对孩子的视觉给予一定的刺激，效果会更好。对自闭的孩子则需要耐心、反复地引导。

心理咨询师如是说

例 1 中的孩子，与人的交往方式往往会伤害对方，或者引起对方的厌烦。这样的孩子大多在家中找不到自己的位置，并会因此而感到很压抑。为了排解内心的不满，他们将学校当作发泄口。要想让这类孩子被班级接纳，老师要先与他们构筑起互相信赖的关系。在此基础上，关注孩子这种与人交往模式背后所隐藏的“想被理解”“想交朋友”的真正心理需求，并和孩子一起思考怎样做才能融入集体。

不仅是例 2 中这样有轻度发育障碍的孩子，还有越来越多的孩子表现出不善于处理人际关系。所以，要根据每个孩子的不同特点，培养他们的沟通能力，让他们在尊重对方的同时，也能以恰当的方式表达自己的观点与感受。

第3章

针对学校或学习的行为

26 不遵守校规

每个学校可能总有些孩子不遵守学校的规则，喜欢扰乱学校秩序。那么，他们为什么会这样呢？这是因为他们想获得周围人的关注，只不过选用了负面的形式。他们想通过打破校规的方式向周围人显示自己的“强大”。为了在小伙伴面前逞强，有些人甚至会故意违反规则。除此以外，一些高年级的孩子还会以破坏规则的方式发泄对大人、社会的不满。

在对待这类孩子时，要主动发现他们的闪光点，并让他们自己以及身边的人也意识到。

另外，还有些发育不健全的孩子，他们会出现不理解校规、不会与人交往、缺乏自制力等问题，所以会出现不考虑周围情况，只按自己想法做事的情形。对这样的孩子，需要将规则尽量具体化、可视化，以帮助孩子理解，同时想办法让孩子形成遵守规则的意识。

例 1 将学校禁止带的东西带去学校，还四处炫耀

应对方式 在大家面前表扬孩子的优点

■ **在大家面前表扬孩子的优点。**

老师 小 A 的漫画画得可好了。

小 B 哇，太帅了！

小 C 好厉害啊！

老师 小 A 在制作班级新闻的时候出了不少力呢。

小 B 太能干了！

小 C 我也想试试！

■ **对于孩子的问题行为，需要单独和孩子好好谈谈。**

◆ 当发现孩子有违反校规的行为时，不仅要当场制止，还要在事后找机会和孩子单独谈谈。

重点 在大家面前对孩子发火，或仅仅制止他的行为，是不能从根本上解决问题的。

例 2 相比遵守规则，往往会优先选择满足自己的需求

应对方式 培养孩子遵规守纪的意识

■ 将必要的约定尽可能具体化，还可以用画“○”的方式将其具象化，以便于确认。

你做到了吗　姓名（　　　）

日期＼目标	1/24（星期一）	1/24（星期二）
上课铃响后立刻进教室	○	○
为学习做准备	○	△

重点　让孩子感受到遵守规定的生活会很舒心。

心理咨询师如是说

学校作为一个集体生活的场所，必然需要有相应的规则。而有的孩子违反规则，也是很自然的事情。正处于青春期的孩子，会有“追求与众不同”“展示自己个性”等行为，就是为了获得周围人的关注及认可。当学校要求穿校服时，他们会选择穿自己的服装，但是当学校不要求穿校服时，他们反而可能会穿校服。所以，他们只是不想遵守校规而已。

校规，是学校为学生竖起的一道屏障，它意味着“决不允许某件事发生”及“决不允许超过某种程度的事情发生”。但也正因为校规是不会被动摇的，所以这些孩子才想大胆地去挑战、反抗它，并在不断的反抗中获得成长。

27 弄丢教科书，弄坏工具

有些孩子即便弄丢书本、文具也满不在乎，还会以破坏工具或公共物品来发泄内心的压力与不满。

那些对丢东西不在乎的孩子，可能是对物品不太在意，还有可能是确实不太擅长整理物品。

有些青春期的孩子会以破坏物品的方式消解焦躁的情绪；还有些孩子会因为不被周围人理解，或不善于用语言表达自己的感受，而选择破坏物品。

对不擅长整理物品的孩子，大人可以帮他们为收纳场所贴上标签，一边和他们一起整理物品，一边教给他们收纳方法。

而对于爱随意发泄不满情绪的孩子，则需要和他们一起找到其他消解内心焦虑的方法，引导他们用语言表达自己的情绪。另外，当孩子用物品发泄情绪时，大人可以帮他向周围的孩子解释，让孩子们能够做到相互理解。

例 1 不会收纳整理

应对方式 一边和孩子一起整理物品，一边教给他收纳的方法

■ 在学校。

◆ 教给孩子具体的收纳方法。

■ 在家。

◆ 和孩子一起整理物品。

◆ 反复告诉孩子要物归原处。

重点 学校、家庭都要对孩子进行收纳习惯的培养。

例 2 被老师批评后拿物品发泄

应对方式 引导孩子用语言表达内心的情绪

■ 在孩子情绪稳定时，慢慢教他如何表达情绪。

■ 大家一起商量解决办法。

老师　刚才小A只是太生气了。虽然把别人的纸弄皱、踢倒垃圾桶这些行为都是不对的，但他的心情我们可以理解，对吧？想想如果换作是你，你会怎么做呢？

小B　我会告诉小A不要这样。

小C　其实只要说“不是我做的”就好啊。

重点　让周围的孩子理解小A，同时引导他们思考解决问题的方法。

心理咨询师如是说

有些孩子会将重要的教科书、文具弄坏或弄丢。根据孩子的行为是不是有意为之，应对方式也会有所不同。若是由于孩子对物品不在意，或是不擅长整理，则需要学校和家庭联手教会孩子收纳整理的方法。但若孩子是用破坏物品的方法发泄心中的不良情绪，一味地劝告甚至斥责只会进一步激化孩子的行为。所以，要在对孩子表示理解的基础上，和他一起找出其他能够释放情绪的方式。

另外，还有一种孩子会有意识地弄丢特定的课本或破坏特定的文具，这时就需要大人找出孩子此种行为背后隐藏的真正原因。

28 不与家人谈论在学校发生的事情

曾经那个对父母无话不说的孩子，若突然有一天不再和家人谈论与学校有关的话题，相信一定会引起父母的不安。究其原因，大致有以下几点：

1. 随着孩子的成长，他们不再愿意把自己完全暴露出来。这是孩子成长过程中的正常现象，家长不必过度紧张。这一阶段多见于 10 ～ 12 岁（五六年级）。如果是这种情况，家长只需适当拉开与孩子的距离，默默关注即可。

2. 不再把家长当作聊天对象，孩子认为家长“从不认真听我说话，不想再和他们说了”。对于这种情况，只要大人改变日常生活中的态度，扮演好倾听者的角色，那孩子便会再次向家长敞开心扉。

3. 发生了不愉快的事而且不想再提起。

4. 认为老师和家人不理解他，并对此感到不满。

针对第 3 点和第 4 点这两种情况，大人必须认真地倾听孩子的每一句话，并且在孩子情绪放松时，有意识地增加与孩子的日常交流。在与孩子交流时，不要仅限于发生在孩子身边的事，还可以聊聊当下的热门话题，甚至可以将大人的烦心事告诉孩子，听听他的意见。这样做会让孩子感到自己被重视，并为此感到开心。

例 1 独自烦恼

应对方式 增加亲子间的日常对话

- 选择洗澡或吃饭等孩子比较放松的时段，增加亲子间的对话。

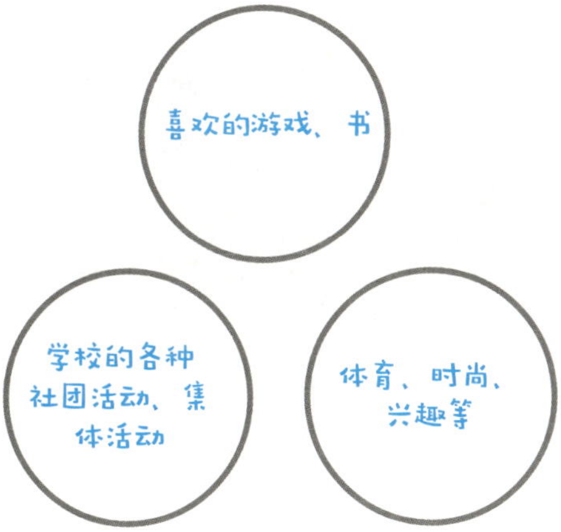

重点 在交谈中向孩子传递对他的关心。

例 2 好像在回避与父母交流

应对方式 重视孩子的情绪及意见

- 和孩子聊聊大人（包括父母在内）的烦恼，并问问孩子：“你怎么看？”“如果是你会怎么做？”多给孩子发表意见的机会，并耐心、认真地倾听。
- 在和孩子谈论他人烦恼的过程中，孩子也会慢慢说出自己的烦恼。

重点 父母应该把孩子当作与自己身份平等的人对待，并让孩子感受到这一点。

心理咨询师如是说

当孩子进入青春期，会出现追求独立的心理需求。这种需求表现在行为上，有时是叛逆，有时是有意地回避父母。不再与父母谈论学校发生的事情，也是表现之一。作为父母，要接受“我们的孩子长大了”，不要追问孩子与学校有关的事情，适当拉开与孩子的距离，照顾好他即可。

不过，若话题涉及学校时孩子表现得不自然，那就要引起家长的注意了。有些孩子在学校受到欺负时，他们不但不会告诉老师，也会对家人守口如瓶。他们出于“希望自己解决”“不想让父母担心”，或认为“被欺负很丢人”“至少在家想做一个普通的孩子”等原因，选择不与家长谈论与学校有关的话题。面对这种情况，家长要在兼顾孩子情绪的同时，妥善处理孩子所面对的问题。

29 突然开始不交作业

有些孩子不管怎么催，就是迟迟交不出作业，或是只有在被要求交作业时才装模作样地找一番，但马上又将这件事抛之脑后。这是为什么呢?

第一种情况，就是孩子的注意力不够集中，或是注意力在别的事物上，以至于没有听到老师的话。第二种情况，有些成绩不好的孩子，他们不会做作业，所以导致晚交甚至交不出作业。还有一种情况，就是孩子在与人交往中遇到了问题，因此变得无心学习。

另一方面，学校的通知太多，让孩子感到混乱，以及家长对孩子在学校的状况毫不关心，这些也可能是导致孩子不交作业的原因。

若问题出在孩子身上，则需要帮助孩子解决。耐下心来，教会孩子如何集中注意力听别人讲话，这样就可以防止以后再出现因为没听到或没听懂而交不上作业的情况。但若问题出在家庭环境上，那首先需要让孩子学会将学校的通知分类整理；其次，家长要加强与学校的日常联系，给予孩子更多的关注。

例 1 沉迷其他事物，对老师的话听而不闻

应对方式 让孩子学会集中注意力听别人讲话

- 让孩子学会把重要的事情记在笔记本上。
- 可以对不会做作业的孩子进行单独指导，引导他思考，必要时适当给予提示。
- 对于有心事的孩子，要增加单独与他谈心的机会。

例2 家长收不到老师的通知

应对方式 想办法提高父母对孩子的关注度

- 帮孩子整理学校发的各种通知，并将整理方法教给孩子。
- 日常要与家长保持密切联系，通过将孩子在学校中好的表现及时反馈给家长等方法，提高家长对孩子校园生活的关注度。

心理咨询师如是说

有些孩子，无论大人怎么催促，总是迟迟交不出作业。而造成这种情况的原因是多种多样的，可能是孩子自身的问题，也可能是受到家庭环境的影响，所以要根据每个孩子的实际情况恰当地应对。

不过，往往在问题真正发生之前，是能够从孩子的表现中发现端倪的。例如，成绩下降，在与家人、朋友的交往中表现出情绪不稳定，或是曾经能够做到的事情突然不会做甚至干脆拒绝去做，等等。

所以当发现问题时，不要一味地批评孩子，而是要找出造成孩子出现这种行为的原因，只有这样才能从根本上解决问题。

30 书写突然变乱，或字体突然变小

有些原本书写很工整的孩子，笔记突然变得非常杂乱；还有些孩子明明很用心地在书写，可字体却异常小。这究竟是为什么呢?

想做的事太多，或是不想做却不得不做的事太多，导致时间安排不过来；在学校生活、家庭生活中承受了太多的压力。上述情况都有可能造成孩子的字迹变得杂乱。

另外，由于在某件事上反复失败、与朋友产生矛盾等原因，孩子的自信心受到了打击，而字体变小可以看作这种情况的外在表现之一。

无论是哪种情况，字体的变化都可以看作孩子情绪不安的表现。虽然孩子自己可能意识不到这一点，但大人一定要敏感地捕捉到孩子的变化，并给予他必要的支持。

首先，要让孩子意识到他的字迹变得很乱，或是字写得越来越小。这一点很重要。随后，在温暖、轻松的氛围中与孩子聊聊天、谈谈心，找出问题的根源并给予孩子帮助。例如，帮孩子对时间做出规划，或是想办法帮孩子重拾自信，等等。

例 1 内心的烦躁导致无法静下心认真书写

应对方式 让孩子学会根据事情的轻重缓急安排做事的先后顺序

老师 小 B，你写的字怎么感觉和以前不大一样了。

小 B 是吗，没觉得啊。

老师 你看，和前几页比一比，是不是有些不一样。

小 B ……

老师 今天和前几天相比，是心情有什么不一样吗？

小 B ……可能是有点儿烦。

老师 原来是这样啊。那写不整齐确实也不能怪你。不过你为什么会烦呢？

小 B 我也不知道……我和小 C 吵架了还没和好，还有好多好多要做的事没做，回到家爸妈还总说我……

老师 明白了。那老师和你一起想想，先从哪件事开始解决好不好？

重点 将要做的事情逐条写出，可使每天的计划一目了然。

例 2 写不出舒展的大字

应对方式 让孩子重拾自信

■ **首先，在日常生活中要注意观察孩子的状态。**

- 与朋友关系如何？
- 学习效果如何？
- 对待值日或其他老师布置任务时的态度如何？
- 日记中都写些什么？

■ **通过有温度的对话，让孩子重拾自信。**

- 让孩子持续感受到“被关注”。
- 表扬要针对具体事情。

■ **给出具体的建议。**

- 内容写得很好，要是能把字再写得大一些，填满这个格子，那看着就更舒服了。你可以试试哦。
- 下笔之前先做一个大致的规划，分数等可以占两行。
- 你如果能把字写这么大就好了，因为这样才像你写出来的字哦。

重点 要注意孩子是否遇到了大麻烦，如欺凌、虐待等。

心理咨询师如是说

在小学高年级的女孩子团体中有这样一个现象：当一个孩子的笔记变得乱糟糟后，她身边的其他孩子也会与她保持同步，去模仿她乱糟糟的字迹。另外，在咨询过程中，也会出现孩子的字迹突然变得杂乱、写得太小、写得太轻等情况。

身为咨询师，在咨询过程中让孩子写写画画，目的不是看孩子能不能写好、画好，而是通过对孩子的整体观察，判断他的精神状态。孩子字体的变化，一定程度上可以反映出他内心的不安。

31 厌学

我遇到过一些孩子，他们原本成绩名列前茅，可突然之间成绩大幅下滑。当回想他们近期的状态时往往会发现，他们原本完成得很好的课前预习、课上练习、课后复习，都已经有一段时间没有做了。他们内心很清楚学习的重要性，可“玩”对他们的诱惑力实在太大，让他们无法控制自己按照计划静下心来学习，所以作业、学习往往会被一拖再拖。

还有一些孩子，他们认为自己已经足够努力，可是并没有取得想要的成绩。或是过度将自己与他人作对比，并且对自己评价过低。这两种情况都会让孩子感到“努力也是白费”，从而导致他们放弃努力。

对于前者来说，重要的是让他们通过做自己喜欢的事情获得满足感，同时规划好时间。而对于后者来说，则要想办法帮助他们看到自己的努力所带来的成果。

例 1 我都说了一会儿做！

应对方式 制订合理的计划，把握生活节奏

■ **重新规划放学后的时间。**

- 父母和孩子一起制订“时间表”。
- 从周一到周日，对每天的时间做出不同的安排。
- 保证孩子有时间做自己喜欢的事。
- 每天规律作息。（5 点前回家 / 洗澡前完成作业 / 每天打 30 分钟游戏 / 睡前读书 / 等等）

■ **理解孩子的“乐趣”。**

- 认真听孩子讲他在学校的所见所闻，以及他与朋友之间的趣事，用心体会孩子的快乐。
- 利用休息日创造属于家人的快乐时光。

重点 若硬性规定孩子“必须做 ××”，反而会增加孩子的压力。

例 2 反正努力也没用……

应对方式 教给孩子正确的学习方法

■ 考试结果公布之后。

老师 最近好像状态不怎么好啊。

小C 没有，反正我再怎么努力也不会有什么进步，就这样也挺好……

老师 上课时和回家后都好好学了吗？

小C 没有特别努力。

老师 你用不努力所取得的成绩评价自己的能力，是不是有点亏了啊？你之前不也努力过吗？

小C 嗯……

老师 举个例子吧，今天汉字测试前你做准备了吗？是把每个字都写了好几遍吗？既然要为考试做准备，那不如……

重点 给出具体的建议，让孩子真切地感受到成绩的变化。

心理咨询师如是说

对家长来说，孩子的学习是他们相当关心的事情。而对孩子来说，家庭、学校、社会等各方面都在向他们施加学习压力，而这也让他们错误地认为，学习成绩是评价学生的唯一标准。因此，当孩子成绩不好时，他们很容易全盘否定自己，并因此丧失信心，从而导致对原本能够完成的事情也无心去做，甚至产生厌学的情绪。

为了改善孩子的这种状态，当孩子在家时，家长要避免强迫孩子去学课本上那些他不会或不想学的内容，而应让孩子去做他喜欢、感兴趣的事情。若父母陪孩子一起做，那他所感受到的快乐会加倍。

当开始学习学校所学内容时，一定要从孩子比较容易接受的科目开始，并且在孩子做对题目后及时给予表扬。

在整个过程中，最重要的是保证孩子处于轻松快乐的学习氛围中，并且要让孩子自己把握学习节奏。

32 注意力不集中

有些孩子会在上课时出现东张西望、聊天或愣神等情况，还有些孩子会突然无法将注意力集中在一直付出努力的事情上。

若注意力不集中并非由身体或精神问题所引起，那就应在孩子的日常生活中寻找问题的答案。

当孩子由于内心疲惫而产生焦虑情绪，或是有心事时，大人首先要做的就是倾听，孩子在倾诉过程中能够恢复内心的平静。然后，大人要在此基础上，和孩子一起找出解决问题的突破口。

还有些孩子明明没有烦心事却无法集中精力。他们或是遇到了困难的问题，却缺乏解决问题的意愿；或是太容易被周围的其他事物所吸引。所以，要为这些孩子创造有利于他们集中注意力的学习环境，以便他们尽可能将注意力集中在学习上。

例 1 心中有事而无法集中注意力

应对方式 鼓励孩子踏出解决问题的第一步

老师 小 C，我看你一直在叹气，还总是东张西望。注意力集中不了吗？

小 C 嗯……

老师 刚才上手工课的时候你好像也是这样吧？A 老师也挺担心你的。是遇到什么事了吗？

小 C 和小 B 闹了点儿别扭……

老师 你们不是一直关系都很好吗？难怪你会心烦。

小 C 我其实想快点和她和好，可是又不知道该怎么做。

老师 我相信小 B 也是这么想的。有什么老师可以帮忙的吗？还是你想自己再想想办法？看你现在这样我也挺难受的……

小 C 我再自己想想办法。

老师 好，如果需要帮忙可以马上和老师说哦。

重点 持续关注事情的后续发展，能让效果更加显著。

例 2 注意力被其他事物吸引，无法专注于学习

应对方式 通过不断让孩子感受集中注意力所带来的成绩，培养他的毅力

■ **重新给孩子布置作业及任务。**

- 准确掌握孩子做哪些作业时能够集中注意力，做哪些作业时不能集中注意力。
- 给孩子布置一些简单的公式化的作业或任务。
- 当孩子遇到不懂、不会的问题时，要教给他解决的思路。

■ **尝试改变一下环境。**

- 给孩子换个座位。
- 根据学习内容的不同改变孩子的分组。
- 和孩子一起完成被分配到的班级任务。

重点 对孩子集中注意力完成的内容给予具体的表扬。

心理咨询师如是说

注意力不集中，常常被看作学习过程中才会遇到的问题。其实，幼儿时期对孩子情绪的培养会对其注意力的养成产生相当大的影响。当孩子对某件事表现出浓厚的兴趣，或不想再依靠大人时，大人要支持他并给予他足够的自由，让他在体验的过程中感受到快乐。在这样的环境中长大的孩子，会认为学习是件快乐的事情，自然也就为入学后的学习打下了良好的基础。

而造成孩子注意力不集中的原因，可能是与老师、同学之间关系不好而引起的紧张情绪；可能是家中有事发生；可能是被家长批评或是被强迫学习；还有可能是成绩不理想、迷上了学习以外的事情、对学习的理解发生改变；等等。

若感觉孩子有心事，那就和孩子好好聊一聊；若给孩子定了过高的目标，那就适当调整，让孩子在完成目标的过程中获得成就感；若孩子有了其他感兴趣的事，要对其表示理解与支持，并帮助孩子在这个新领域体验到成功的快乐。

稳定的情绪是能够集中注意力的基础，因此大人温柔的鼓励与支持对孩子来说是必不可少的。

33 补习班逃课，社团活动缺席

有些孩子会突然放弃原本热爱的事情，而这种行为也往往会令身边的大人大吃一惊并感到十分困惑："明明当初那么热衷，为什么会突然变成这样？"他们究竟为何放弃呢？

练习过于辛苦、出现了其他想做的事情、玩的时间不够等，都会成为孩子放弃原本爱好的理由。当然，也有些孩子在出现其他想做的事情时，自己会认真思考，也会确定明确的目标并制订详细的计划。

作为家长，需要就这种情况和孩子好好聊聊，搞清楚孩子究竟是因为怕麻烦而不想继续，还是有充分的理由。至于是继续坚持还是放弃，则需要和孩子认真商量后再做出最后的决定。

另外，还有些孩子明明依然喜欢所学、所做之事，却有了放弃的念头。造成这种情况的原因可能是孩子认为自己没有上升空间，或处理不好与所参加社团中的成员、老师之间的关系。如果是出于这类原因，那就需要让孩子知道，逃避解决不了任何问题，同时帮助孩子正视并解决所遇到的问题。

例 1 想和朋友玩，不想去课外班

应对方式 培养孩子的自律性及计划性

妈妈 今天为什么没去补习班啊？

孩子 我不想再上补习班了。

妈妈 为什么？是遇到什么事了吗？

孩子 因为我都没有时间做别的事了。

妈妈 别的是指什么事呢？

孩子 和朋友玩啊，看电视之类的……

妈妈 哦，比起上补习班，还是这些更好玩，对吧？不过其实你自己也清楚什么才是应该做的，对吧？

孩子 ……

妈妈 你只有这段时间可以和朋友们玩吗？

孩子 倒也不是……

妈妈 那我们一起想想还有哪些时间可以玩吧。补习班的事不用在意，玩就要痛快地玩，对吧？

重点 保持冷静，不要感情用事。

例 2 不喜欢社团里的人，所以不想再参加活动了

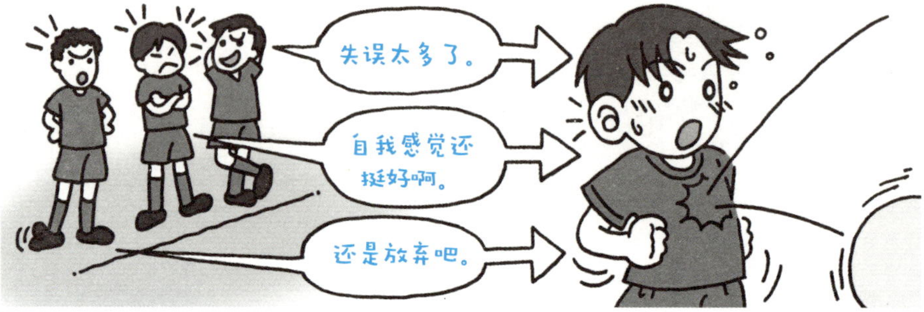

应对方式 培养孩子发现问题的能力和解决问题的勇气

小 D 老师，我想退出足球社团。

老师 怎么这么突然？为什么有这种想法？

小 D 那些老学员总是说我，而且，反正我也进不了首发阵容……

老师 太好了。

小 D 啥？！

老师 我是说幸亏不是因为你不再喜欢足球了。你还是喜欢足球的吧？

小 D 喜欢是喜欢……

老师 喜欢就没有必要退出啊。想想怎么才能继续留在社团踢球吧。你现在要做的是解决和老学员的关系。你能告诉我他们都说你什么了吗？对于能否进入首发阵容这个问题，那就要看你是否努力了。

重点 不少孩子什么也不说就选择退出社团，所以在平时就应注意观察孩子之间的关系，并适时表示关心。

心理咨询师如是说

中小学生的生活范围相对来说比较小，因此社团活动或课外班的人际关系经常会与校内重合。当孩子有了其他喜欢的事情，或是补习班、社团活动的内容对孩子来说难度太大等，也就是说，孩子不想继续参与的理由很明确时，大人不要责备或教育孩子，而是要给孩子机会表达自己的想法，并和孩子一同商量今后的发展方向。同时也要将家长和老师的想法告诉孩子，在互相理解的基础上做出最终的决定。

还有些孩子并不能明确地说出自己的理由，这种情况很多时候都与人际关系有关，其中也不乏欺凌的情况存在。所以当孩子无法或不想说出自己的理由时，大人一定要更加留意孩子的状况，必要时应介入并给予孩子帮助。

34 不愿上学（小学生）

每个孩子都有可能出现拒绝上学的情况，这一事实现在已普遍被大众所接受。但若老师发现自己班上的孩子出现这样的情况，一定会非常困惑。而作为家长则会陷入混乱之中，因为他们不知道“究竟是为什么?！为什么我的孩子会变成这样”。

造成孩子不愿上学的原因很多。例如，与家长或兄弟姐妹的关系，与老师和同学的关系，跟不上学习进度，某件事的发生成为导火索，等等。当小学生，尤其是小学低年级的孩子出现不愿上学的情况时，往往是由于“分离焦虑”或是“被过度溺爱”造成的。

有“分离焦虑”的孩子，在离开父母后会感到不安与恐惧，这就导致他们不愿上学。只要能让他们感受到父母、家人对自己的爱是无处不在的，那么他们的这种状态很快便会消失。而对于“被过度溺爱”的孩子来说，他们的要求在家中往往会被家人无条件地满足，但学校的集体生活则有着种种规则和限制。另外，他们在与同学的交往中往往也会遇到问题。这就使得他们会有意识地回避令自己感到不适的环境，躲回自己的舒适区——家里。对这些孩子就需要重点培养他们的自我控制力以及人际交往能力，同时也需要重新审视日常生活中家人对孩子的态度。

例 1 竞争对手的出现让孩子感到不安

应对方式 让孩子感受到父母的爱

■ **当家中迎来新的生命后，家庭成员都会不由自主地将注意力更多地放在小宝宝身上。但对曾经集全家宠爱于一身的老大来说，这一变化是相当巨大的。所以即便再忙，父母也不能忽视老大的感受，要让他感受到父母对他的爱没有改变。**

- 和孩子一起洗澡，聊聊一天发生的事。
- 陪孩子睡觉，睡前给孩子讲讲故事。
- 和孩子一起看看他小时候的照片，说说他小时候的趣事。
- 和孩子一起照顾小宝宝。
- 当孩子帮大人做事后要对孩子表示感谢。

（谢谢姐姐啦，有你在妈妈轻松了不少！）

例 2 回避冲突，在家中只做自己想做的

应对方式 学校和家长一起培养孩子的社交能力

■ **学校（老师）多与家长沟通，培养孩子与人交往的能力。**

- 找个同学陪孩子一起上学。
- 放学后及节假日让孩子多与朋友出去玩。
- 学校给孩子布置任务，让孩子在学校有归属感。

■ **家长遇到问题应及时咨询学校或相关机构。**

- 不知该怎么教育孩子，或不知该怎样对待孩子，这些问题都可大胆咨询。
- 学习与孩子的交流方式。
- 夫妻对待孩子的态度要一致。

心理咨询师如是说

小学阶段的孩子若出现不愿上学的情况，不管程度轻重，大多都是由于不安、紧张等情绪，或是在人际交往中过于敏感造成的。因此，在孩子刚刚表现出有些排斥上学时，就要给予孩子足够的关注。

首先，不要批评孩子，也不要强迫他去上学，尤其是当孩子担心“会有不好的事情发生时”。

其次，不要鼓励孩子，对他说“不用担心”“没关系”“加油”等，而是要对孩子的不安表示感同身受，并和孩子一起思考对策。

另外，这时的孩子往往处于精神高度紧张的状态，他们一旦感受到来自他人的威胁，便会拉开与对方的距离。

所以学校及家长应通力合作，在不让孩子感到威胁的同时，尽可能多加深与孩子的交往。

35 不愿上学（中学生）

孩子之所以会出现不愿上学的情况，不用说，一定是学校的某些方面让他心生厌烦（遇到了不顺心的事）。当然，孩子拒绝上学与父母的教育方式及孩子本身的性格因素也是脱不开干系的。

但在处理这类问题时，与其在家庭环境中找原因，不如全面地了解孩子在学校的状态。尤其要关注孩子在学校中所表现出的不安、忧虑、恐惧、矛盾等不良情绪，并给予其必要的帮助。

在帮助孩子的过程中，不要放大孩子内心的不良情绪，而是要让他在与老师、家人、同学的交往中获得安全感。

在此基础上，为了消除孩子的不良情绪，可以重点培养孩子以下两方面的能力。

其一，毅力（为了使自己言行得体，能够控制自己想做某事的冲动；为了实现某个目标，即便是不情愿的事情也能够努力去做）。

其二，社交能力（能够与他人良好相处的能力）。

只要孩子具备这两种能力，那他在学校所遇到的问题自然也就可以克服了。

例 1 缺乏毅力导致的拒绝上学

应对方式 耐心地帮助孩子在一点一滴的成功中收获经验

- 做孩子最好的倾听者，去了解学校中究竟发生了什么令他不开心的事。
- 问问孩子心目中的“幸福”是什么样的。
- 和孩子一起思考不按要求去做会有何“得”“失”。
- 引导孩子思考自己能做什么，问问孩子希望父母、老师为他做些什么。
- 不要只说“加油”，而是要给孩子提出具体的建议。
- 在小细节上持续给予孩子帮助，即便孩子只取得了些许成功，也要告诉孩子你为他感到高兴。
- 对于中学生来说，与其让老师直接帮忙，不如让孩子在朋友的帮助下获得成长。
- 经常问问孩子“有没有什么需要我做的”“有什么事随时和我说”，让孩子知道有困难可以随时找大人商量。

大人和朋友的鼓励是最重要的

重点 孩子的努力是需要被看到的。及时给予孩子帮助及鼓励，哪怕是为他所取得的一点点成功而感到喜悦。这样有助于培养孩子的毅力，使其肯为了自己的目标而努力。

例 2　不善与人交往，所以不爱上学

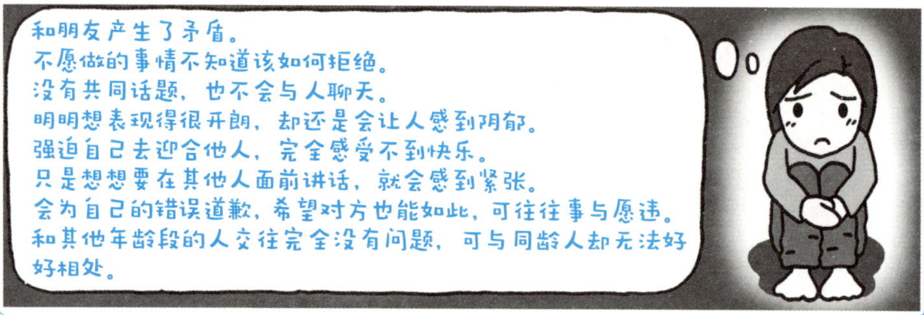

应对方式　教孩子一些社交技巧

- 改变孩子认为大人只喜欢“活泼开朗的孩子”这一观点。
- 老师要在各种场合主动与孩子交流。
- 分配座位时，装作不经意地让孩子的好朋友坐在孩子附近，参加活动时将孩子与他的好朋友分在一组，让朋友去带动、帮助他。
- 多关注孩子是否遇到困难，并及时给予帮助。
- 当感到孩子有为难情绪时，询问具体情况并和孩子一同寻找解决方法。
- 想办法尽可能多地让孩子感受到自己是班级中不可或缺的一员，例如，为孩子分配一些特定的任务等。
- 大人本身要成为孩子喜欢交往的对象。
- “言传 + 身教”，让孩子学会和人打招呼的方式、感谢的方式、道歉的方式、与人和好的方式，等等。
- 当孩子在与人交往中应对得体时，一定要多鼓励、称赞他，以增加他的自信。

大人的肯定能增加孩子的自信

重点　当孩子应对得当时，周围人的肯定可以让孩子的社交力得到进一步提升。

心理咨询师如是说

2005 年度的学校基本情况调查显示，在日本中小学生中，每年缺课 30 天以上的孩子约有 12 万人。这已成为一个不容忽视的社会问题。在这 12 万人中，中学生占比约 80%，而其中又有一半的孩子在小学阶段就已出现排斥上学的情况。可以看出，孩子的这种状态已开始向长期化发展。

这些不愿上学的孩子，在学校时往往会表现出缺乏学习动力、学习懈怠等状态。同时，他们在人际关系方面往往比较敏感，很容易因为某些事情而感到不安或紧张。

学校要对这些孩子抱持接纳的态度，与孩子及其家长建立良好的信任关系，为改善孩子的状态找出具体的解决方法。当孩子愿意表达自己的想法及感受，能够对不愿意的事情说“不”时，则意味着事情有了转机。

家庭和学校需通力协作，以温柔的态度和更加积极的方式帮孩子走出家门，回归学校。

第4章

与自己身体有关的行为

36 发型做不好就会大动肝火

进入青春期的孩子会较之前更加关注自己的形象，对服装、发型也会更加挑剔，上学前在镜子前花费的时间自然也会变得更多，而其中大部分时间都花在了画眉毛和整理发型上。

在意自己的外表是青春期孩子的一个普遍特征，他们甚至会放弃吃早餐，而把时间用来鼓捣自己的发型。有些孩子一旦做不出自己想要的效果，就会大动肝火，把梳妆台上的各种东西扔到地上撒气。甚至还有些孩子会因为“这样的发型没法出去见人”而选择闭门不出。

这些过于在意自己的发型、服装，在意别人眼光的孩子，往往内心是极不自信的，他们会担心“别人会不会觉得我难看”“会不会因为我太土（不帅气）而不和我玩”等。

在与这些孩子相处时，要给予他们足够的理解与包容，并且要经常向他们传递“你很帅哦”“你身上有别人不具备的优点”等信息。

例 1 啊——这种发型怎么去学校啊！

应对方式 让孩子知道你永远支持他

■ **保持平稳的情绪。**

妈妈 怎么了？发型搞不好吗（做不出你要的样子）？

小K ……（心思全在吹头发上）

妈妈 我的头发也特别不好打理。不愧是我女儿，和我真像。

小K ……（心思全在吹头发上）

妈妈 早饭给你做了饭团，这样你吃起来能快点儿，记得吃完再走哦。

大人单方面的说教往往会适得其反

重点 “差不多就行啦”“这样不挺好嘛”等，大人这种只站在自己的角度看问题的态度，会让孩子产生“就算和父母说他们也不会理解我”的想法，严重时还可能会引起孩子暴怒或拒绝上学。所以应对孩子自己做的发型，或孩子比较自信的方面多多称赞。

例 2 特别在意朋友的眼光

应对方式 来自妈妈的肯定

- 孩子身边的大人要用心去发现孩子身上的优点，并且一定要在言行上表现出对孩子优点的认可。
- 虽然孩子可能对大人的表达方式不会做出任何反应，但实际上他已接收到大人想传递的信息。所以不管孩子是否回应，都要坚持表达对孩子的喜爱，一定不要放弃。
- “我在教室里看到墙上贴着你写的字了。你的字写得方方正正的，妈妈特别喜欢。而且我觉得你写得最好。”像这样将内心的感受直接表达出来。
- “不管你的朋友说什么，对爸爸妈妈来说你都是最棒的，是我们最爱的孩子。”将父母对孩子的爱用语言传递给他。

重点 让孩子感受到父母的爱，是孩子恢复自信的钥匙。

心理咨询师如是说

当孩子进入青春期后，会很自然地对自己的衣着、外貌等表现出更多的关注。而且在一部分孩子的认知中，评价一个人时，他的发型、体形、衣着等外在因素所占的比重很大，他们中更有些孩子会对自己的发型尤其在意，一旦不能做出自己想要的造型便会大发雷霆，还会把怨气发泄到父母身上，甚至会因此不去上学。而这些行为在家长看来，很有可能是孩子“为了不去上学而找的借口”，并要求孩子“不要再无理取闹”。由于孩子得不到大人的理解，最终会导致亲子间矛盾的激化。

过于在意他人的眼光，对自己的外形如发型等要求苛刻的孩子，往往是极度不自信的。他们努力提升自己的外在形象，只是为了掩饰内心的不安。因此，仅仅在行为上阻止孩子是不会收到任何效果的，应搞清孩子内心的需求并从中寻找解决之道。

37 对自己的体味过度在意

曾经有个一年级的孩子，因为与妈妈分开会感到极度不安，已经出现了不愿上学的苗头。班主任建议他用塑料袋装一件妈妈的衣服带到学校，这招成功使孩子战胜了分离焦虑，解决了他不愿上学的问题。

每个人都有自己特有的味道，而这种味道有时候可以唤醒内心深处的记忆。

现在不仅仅是孩子，就连大人也对“味道”越来越敏感。卧室专用、卫生间专用等各种除臭剂充斥着市场，甚至还出现了消除排泄物味道的内服药。

进入青春期后，人的体味会有所加重，有些孩子对此会表现出过度敏感，还会想方设法消除自己的体味。有这些表现的孩子有一个共同点，那就是在意他人的眼光，生怕别人会嫌他臭，而其根本原因在于缺乏自信。因此，要在帮助孩子增加自信的同时，教给孩子保持口腔卫生及身体卫生的方法。

所有生物都有属于自己的味道，父母应尽量多带孩子亲近大自然，让孩子体会大自然中那些充满生机与活力的味道，这会对孩子起到非常积极的作用。

例 1 怕被朋友说“臭”

应对方式 所有的生物都是有味道的

■ **在日常生活中，可以常常装作不经意地与孩子聊起味道这一话题，让他知道所有的生物都有其独特的味道。**

◆ “这是从哪儿飘来的桂花香呀，秋天来了。”

◆ “喝樱花茶吗？”“味道好好闻啊！”

◆ “妈妈最喜欢闻小 U 身上的味道了。万一你出了什么事，妈妈闻着味也会把你找出来。”

重点 让孩子意识到“味道是充满活力的象征”。

例2 除臭剂依赖

应对方式 注意个人卫生

- 饭后刷牙，回家后洗手、漱口，以及洗脚等，这些卫生习惯要从孩子小时候开始培养。
- 当孩子做好个人清洁后，要告诉他“一点儿都不臭”，以免他担心。
- 其实别人所闻到的味道，并不会像孩子自己闻到的那样强烈。这点也要让孩子知道。

心理咨询师如是说

当孩子进入青春期后，一般会出现体味变重的情况。而这一时期的孩子自我意识也开始发展，这使得一些孩子对自己的体味也变得异常敏感。当孩子过度在意自己的体味，担心自己会影响他人，或被他人嫌弃时，还可能会出现极度排斥在他人面前讲话的情况。

这里的体味一般包含汗味、口气、排泄物等。这些在意体味的孩子往往在家中并没有表现得十分在意，但在学校或其他有外人在场的情况下就会显露出来。

这些孩子大多在人际关系方面比较敏感，相比自己的感受，他们会更多地关注周围人的态度。他们中有些孩子还曾因为体味的问题去医院做过检查。

所以，当孩子向大人倾诉内心的烦恼时，不要将谈话的重点放在体味这一问题上，而是与孩子建立相互信赖的关系，消除孩子内心的紧张，并帮助孩子重新恢复自信。

38 过度在意体形

在日本，有约 80% 的女性希望自己“能够瘦一些”。这种情况现在开始向低龄化发展，有些小学生甚至会在测体重的时候特意不吃早餐。

一旦孩子进入青春期，这种倾向会更加明显，大部分女学生会把减肥当作一种常态。但由于缺乏正确的营养知识，她们往往会在减肥与反弹间反反复复。另外，有越来越多的人开始依赖保健品（营养补充剂）减肥。

现在很多家庭成员吃饭时都是各吃各的，大家围在桌边一起吃饭的机会变得越来越少。这意味着家庭成员间的交流以及父母向孩子表达爱的机会随之减少。而一旦孩子在父母身上得不到足够的爱，内心就会变得不安，对于外界对自己的评价也会变得过于敏感。

这些孩子与第 4 章“发型做不好就会大动肝火”及“对自己的体味过度在意”两部分中的孩子有着共同的特点，那就是因为缺乏自信而过度在意他人的目光。所以父母一定要让孩子真实地体会到父母对他的爱，同时改变家中吃饭时的状态，并且找机会就好身体与好身材的问题和孩子认真聊一聊。

例 1 不吃早饭

应对方式 和孩子聊一聊关于好身体与好身材的话题

重点 让孩子知道身体健康就是最美的，并且给予孩子足够的支持，消除他内心的不安。

例 2 依赖保健品

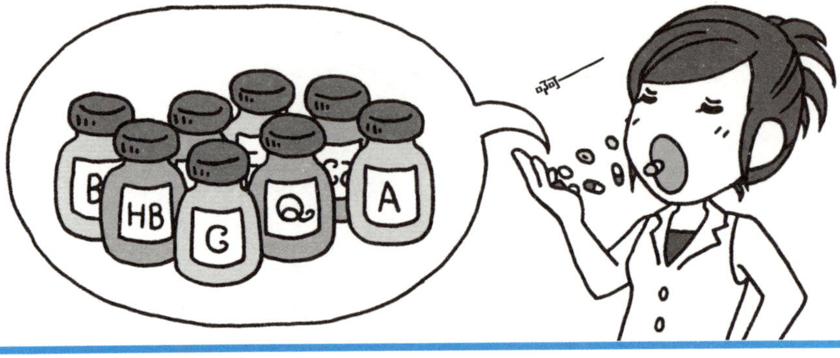

应对方式 和孩子聊一聊关于营养与食物的话题

重点 和孩子一起做营养均衡的饭菜，一起跑步……像这样父母和孩子一起为了健康而努力往往会收到很好的效果。而且亲子间的交流也会变得更顺畅，相互间的信任也会增加。

心理咨询师如是说

进入青春期的孩子会变得更加关注自己，而表现之一就是开始在意自己的身材，尤其是女孩子，为了不发胖而热衷于减肥的大有人在。

在这种环境中，出现了由于对“瘦”过于执着而拒绝进食的“厌食症”，以及一心想瘦，却因为压力过大而抑制不住进食的冲动，反而过度进食的“过食症”，并且这两类人的数量在逐渐增加。

除去想瘦以及怕胖的心理原因，追求完美的性格也是造成孩子过度在意体形的原因之一。

另外，还有些孩子不好好吃饭，竟然是因为他们不愿长大。而造成孩子出现这一状态的根本原因，往往是他们没有在父母身上获得足够的爱，情感上出现了缺失。

39 入睡困难

孩子晚上不睡觉，是很多父母烦恼的根源。可往往家长越着急想让孩子睡，越会适得其反。

导致孩子入睡难的原因很多，例如，想和父母再多玩会儿、精神头十足等。其实，每个人的入睡习惯不同，家长不必过于担心。

人体有着自己的生物节律，当人体温度开始降低时，自然会产生困倦的感觉。当小宝宝快犯困时，他的手脚会变得热乎乎的，这是他的身体在主动释放热量以降低体温，这时负责放松身心的神经（副交感神经）活动加强，小宝宝往往会很容易睡着。可是如果这个时间段给宝宝洗热水澡，或是陪他玩游戏，就会使交感神经变得活跃，从而导致孩子难以入睡。这点希望家长们注意。

例 1　从床上爬起来，嘴里说着“睡不着”

应对方式　让孩子感受到父母的爱，从而能够安心睡觉

■ **有固定的“睡眠仪式”。**

- 留够充足的时间。
- 每日重复。
- 刚开始的时候可以陪孩子一起完成。
- 当孩子可以一个人完成时要尽可能多表扬他。

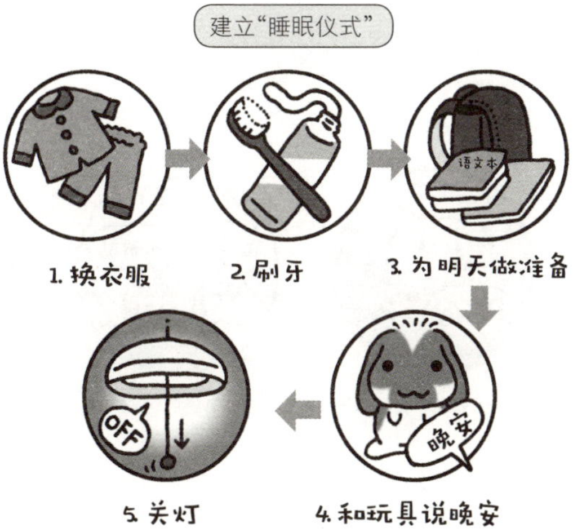

■ **陪孩子一起睡，给孩子讲故事。**

例2 太精神而睡不着

应对方式 为孩子营造有助于睡眠的环境

◆ 日出而作，日落而息。要根据自然规律调整生活习惯以及自身的生物钟。

1.灯光适当调暗

2.电视音量降低

3.睡前2～3小时泡澡。（只能临睡前泡澡的情况下尽量用温水）

4.睡前4～5小时不再进食

5.白天多运动

6.晚上不打游戏

7.避免让孩子兴奋

重点　要尽量避免长时间的照明刺激、游戏的光影刺激等，这些都会对大脑产生刺激。

心理咨询师如是说

入睡困难这一问题我们常听孩子或家长提起。毋庸置疑，睡眠环境越差，对睡眠的影响越大。所以父母要重新审视孩子睡觉的环境是否过于嘈杂，是否过热等。另外，还要认真审视孩子的生活态度，确认孩子是否有熬夜的习惯等。

若不存在以上问题，那就是孩子本身对睡眠的要求过高。当他听到周围人对他说“你不是睡得挺好吗”“是你的错觉吧”“睡不好觉又不会死”等类似无关痛痒的话时，他会感到没有被重视，认为对方“不理解自己的痛苦”。而这会使得孩子更加需要倾诉并陷入恶性循环。

这些孩子往往会有强烈的不安全感，睡觉时抱着被子或毛绒玩具、嘬手指等行为都可看作孩子在寻求安全感的表现。

所以，好好思考一下究竟是哪些因素影响了孩子的睡眠。另外，倾听孩子的诉求，对他的痛苦表示理解也是相当重要的。

40 常说自己头痛或肚子痛

当孩子经常有头痛或肚子痛的表现时，家长常常会搞不清“究竟是真的身体不舒服，还是心理原因造成的”。这时千万不要轻易给孩子贴“有心理问题”的标签。在不排除孩子的身体出现了潜在问题的情况下，首先要接受孩子“身体不适”这一事实，并让孩子在家安心休养。妈妈温柔细心的照顾会给孩子带来充足的安全感，甚至可能被治愈。但如果没有好转，则需要带孩子去儿科就诊。如果医生说孩子的身体没有问题，那么就可以考虑是否为心理原因造成的。

当孩子承受过多的压力，或心中有话却无法说出口时，就会在身体上以疾病的方式表现出来。这也可以看作孩子希望父母能够察觉并关心自己的一个信号。

有时，可能连孩子自己都不知道压力来自何处，这就需要父母对孩子出现症状当天或这一时间前后所发生的事情进行详细排查，并找出原因。

另外，要培养孩子用语言表达自己内心感受的能力。为此，父母需要为孩子营造轻松舒适的氛围，让孩子说出心中的不满。

例 1 总说头痛

应对方式 给孩子安全感并留意观察孩子的状态

- 帮孩子揉揉痛的部位，如果能够想到可能造成疼痛的原因，不妨在这时装作不经意地提起。
- 有些头痛是由于睡眠不足或用眼过度造成的。看看孩子的问题是否由不良生活习惯造成的。

例2 想说的话说不出口，并引起身体的不适

应对方式 想办法让孩子主动说出心中的不满

■ **无论是时间上还是精神上都给孩子足够的空间。**

- 这些孩子大部分内心很温柔，很照顾周围人的感受。所以每天哪怕抽出20分钟的时间，听孩子说说话，让他倾诉一下内心积压的情绪。

■ **为孩子示范如何表达自己的感受。**

- 教孩子如何用语言表达自己的内心感受。
- 以自己为例，让孩子了解每个人都有各种各样的情绪，而把这些情绪表达出来是件很正常的事情。

为孩子示范如何表达自己的感受

重点 当孩子开始叙述时，若周围有人插话，则会造成孩子再次闭口不谈。所以当孩子倾诉时，不要打断他，认真倾听即可。

心理咨询师如是说

孩子们身上出现的问题，除了拒绝上学以外，还有头痛、肚子痛、低热等身体上的不适。人的“身”“心”是相通的，尤其是婴儿期，身心还属于一个整体，所以情绪的问题很容易表现为身体上的不适（内心的不安会造成身体不舒服的感觉）。然而现在的孩子们，即便已是小学生甚至中学生，都会因为无法用语言表达自己内心的不安与紧张等不良情绪而表现出身体上的病症。

作为家长，首先需要分辨孩子的不适究竟是身体原因造成的，还是心理原因造成的。同时还需要清楚孩子身体上出现的症状可能是孩子向父母传递的信息，他们其实是在说“爸爸妈妈，我需要你们的关心”！所以这时要陪孩子一起去医院，抱抱他，帮他揉一揉痛处，让孩子体会到父母对他的爱。

另外，不要帮孩子说出他的内心感受，而是培养他用自己的语言表达自己的情绪。

41 变得无精打采，还会毫无理由地哭泣

身心的疲惫，以及失去所爱的人、物、目标等都会使人变得无精打采。父母、老师的过度期待，会把孩子压得喘不过气；兴趣班、补习班、社团活动等过于密集的时间安排，会让孩子感到疲惫不堪，并失去积极性；过于在意他人的感受，会让孩子精神疲惫；内心强烈的不安以及曾经的失败，会在孩子心中留下阴影……以上这些情况都可能让孩子失去应有的活力。

另外，亲人、朋友或心爱的宠物离开，从倾注了一腔热情的社团活动中退出，通过刻苦的学习终于考入梦寐以求的院校，等等，像这样失去原有的目标后，人们内心也往往会被一种无力感所侵袭。

毫无理由的哭泣，通常也是由于内心的不安造成的。

若由于身心疲惫导致孩子状态不佳，那最好的办法就是让他的身心得到充分的休息，好好地“充个电”。父母在将导致孩子疲劳的因素去除的同时，要珍惜与孩子共度的时光，把握好每一次与孩子交流的机会，让孩子在父母的爱中获得身心的滋养。

当孩子失去至爱之人或珍爱的东西，这时对孩子说“加油”，或者采用其他鼓励方式可能不太合适，父母只需陪在他身边，做好共情，其他的就交给时间来解决吧。

例 1 什么都不想做

应对方式 重新审视父母的教育方式，将决定权还给孩子

■ **重新审视教育方式。**

- 是否对孩子有过度的期待及干涉？
- 是否替孩子做了太多事，说了太多话？
- 是否强迫孩子成为家长理想中的“好孩子”？

■ **培养孩子的自主性。**

- 让孩子得到充分的休息。
- 让孩子思考什么才是他自己想要的。
- 放手让孩子去尝试他想做的事。

例 2 情绪不稳定，会为一点点小事而哭泣

应对方式 提高孩子的自我肯定感

■ **为孩子的自我肯定感打下坚实的基础。**

- 让孩子体会到被爱。
- 多爱抚孩子。
- 亲子间多交流。

■ **让孩子喜欢自己。**

- 让孩子清楚地知道自己的优点。
- 即便孩子只付出一点点努力也要给予肯定与称赞。
- 做好倾听与共情。

如果支撑孩子自我肯定感的地基不牢固，那孩子就无法对自己有正确的认知，无法实现人格的独立。

心理咨询师如是说

孩子有时会因为自己努力付出，事情却没有任何改变而产生深深的无力感。不过单从孩子的行为举止很可能看不出孩子的情绪低落。这种无力感不仅会影响孩子的学习积极性，对他的人际交往及其他各方面也会产生影响。

若孩子因为身心疲惫或失去了对他来说很重要的人、物而精神不振，则需要给孩子充足的时间让他放松身心，重新恢复活力。即便恢复的时间很长，也不要责备孩子，不要强迫孩子去做他不想做的事。因为这样反倒会让孩子感到不自信，甚至自卑，对自我评价也会降低。

因此，首先要与孩子建立相互信任的关系，并了解造成孩子情绪低落的原因。在此基础上，鼓励孩子去尝试一些他能够解决的课题、能够实现的目标，让孩子在不断的成功中获得成就感。

42 有啃指甲、抽动、尿床、夜惊等情况

内心的压力，往往会引起日常行为的某些变化。

啃指甲，往往会出现在孩子感到“孤单”“想要获得疼爱”等情况下。在情感方面无法获得满足时，他们通过啃指甲来刺激自己并从中获得内心的平静。因为对身体，尤其是比较敏感的口腔的刺激，确实能够达到自我安慰的效果。

当孩子感到紧张或不安时，可能会出现挤眼等身体的抽动，因为抽动身体的某一部位能让他们从中获得安全感。但这一行为往往是无意识的。

大部分尿床的孩子是因为年龄太小，身体还在发育过程中。但若长大后才出现尿床的现象，大多是由心理因素引起的。压力所造成的神经系统紊乱也有可能造成孩子尿床。另外，精神紧张、压力及心理矛盾也可能引起孩子夜惊。

无论哪种情况，大人在解决问题时都不应将关注点放在症状本身，而应关注引起孩子这一症状的根本原因。因为症状本身也会给孩子造成压力。父母应全面了解孩子的生活状态，找出问题所在，同时以放松、平和的状态感染孩子，以消除他内心的焦虑与不安。

例 1 啃指甲、挤眼睛

应对方式 引导孩子慢慢释放内心的情绪

自由地表达喜怒哀乐

■ **什么事给孩子造成了压力。**

- 严格的家庭管教。
- 神经质的父母。
- 过于忙碌的生活。
- 人际关系发生变化。
- 学习、生活不适应。
- 过于不安或紧张。

■ **这些孩子大多不善于表达，想说的话却说不出来。所以要为他们营造一种轻松的谈话氛围，让他们在放松的状态下说出内心的想法。**

- 亲子间要有足够的沟通时间。
- 为孩子创造轻松的氛围，让他不压抑自己的感情，自由地表达自己的喜怒哀乐。

重点

- 注意不要让孩子受到其他孩子的戏弄。
- 当孩子发育到一定年龄段，啃指甲很可能会成为一个单纯的习惯。
- 仅仅在行为上制止孩子抽动，反而会令情况变得更加严重。

例2 尿床、睡着后会突然大喊（夜惊）

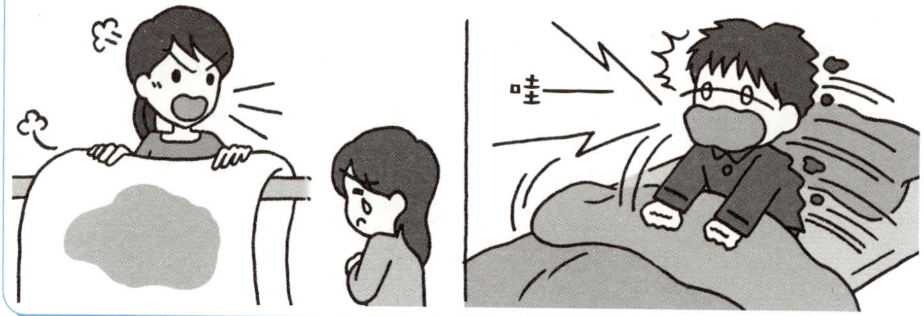

应对方式 理解孩子敏感的内心世界

孩子的内心是很敏感的，他们感受到的，远远比父母所认为的多得多。所以他们柔软的内心世界是极容易受到伤害。

用心呵护孩子敏感的内心世界

■ **消除给孩子造成压力的因素。**

- 亲子关系是否紧张。
- 在学校是否会紧张。
- 身体是否过度疲劳。
- 是否有过恐怖的经历。

■ **帮助孩子建立良好的生活规律。**

心理咨询师如是说

当孩子感到紧张、不安、纠结、压力大，或因为内心空虚而感到孤独、想获得疼爱的时候，很可能会下意识地做出一些不同于平时的行为，使自己内心恢复平静。若大人将注意力放在孩子的这些行为上，试图通过提醒或指责让孩子改掉这些习惯，反倒会让孩子承受更多的压力，并激化这些行为。因为孩子从家长的反应中接收到的信息是“我做错了”“我很没用”，孩子也会因此开始否定自己。

其实很多孩子的行为问题会随着成长而逐渐消失，这期间父母要做的是找到给孩子造成压力的根源，并改善这一状况。

另外，在对待孩子时大人要保持平和的心态，不要焦虑，同时缓和家中的紧张气氛，适当降低对孩子的要求，用心和孩子相处。

第5章

自我否定、自我保护的行为

43 极度畏惧失败

有些孩子做事时总会表现得畏首畏尾，还有些孩子会在特定科目或活动时请假，比如，在有体育课那天不去学校等。孩子自己可能都没有意识到，他正在逃避那些他没做过或不擅长的事情。而造成这一情况的根本原因，几乎无一例外是“对失败的恐惧”。

若孩子在日常生活中经常因为失败或某些事没做好而被父母或身边的大人批评、责备，孩子就会对自己失去信心，并表现出对失败的极度畏惧。可能大人的本意是希望孩子不要重复犯同样的错误，可结果往往事与愿违。所以大人也不要害怕孩子失败，而是要让孩子学会怎样面对失败，怎样才能不被失败所击垮。

除此之外，还有些孩子因为过于在意朋友的目光，以至于不敢尝试新的挑战。这些孩子需要的是在失败时也能相互鼓励的朋友。因此，帮助他们去结交一些这样的朋友吧。

不想自己失败，以及不想让自己的孩子失败，这是人之常情。但每个人都是在不断的失败中成长起来的，所以在孩子的成长过程中，希望大人能够给予他们尽可能多的支持与鼓励。

例 1 每次失败后都会遭到家长的责备，因此失去了自信

应对方式 接受孩子本来的样子，适当地给予鼓励

小 A 我不做了，我不会。

老师 这个确实是有点难度。

小 A 我肯定不行。

老师 这样做的话说不定可以哦，咱们一起试试吧。

小 A 好吧。

老师 那老师先试一次，你看着。

小 A ……

老师 这次咱们一起吧。

小 A 好。

重点 不要强迫孩子，要设身处地为孩子着想。

例 2 过于在意别人的看法

应对方式 和朋友相互勉励、和睦相处

- 当孩子没有做到或将事情搞砸时，周围的大人要以宽容的心态接受这一事实。
- 即便失败或没有做到，也不会完全没有可取之处。要指出孩子做得好的地方并给予表扬。
- 大人的态度也会影响周围其他孩子。这为孩子之间形成相互支持、相互鼓励的关系打下了基础。
- 可以尝试需要全体成员共同协作才能完成的游戏。

平衡木上排排站

找 5 ~ 6 人随意站在平衡木上，根据出生年月或身高改变他们的排位，要保证交换位置的过程中没有人掉下平衡木。

重点 大人要做到正确认识、对待每一个孩子。

心理咨询师如是说

想把事情做好，不想失败，这样的想法本身没有任何问题，也是每个人常有的想法。只不过当这种想法过于强烈时就需要引起重视。

有些家长在培养孩子的过程中，为了不让他失败，总会提前为他清除前进道路上的障碍，这就使得这些孩子从未体会过失败的滋味。

另外，有些家长会在孩子失败加以批评、指责，这样做的结果就是导致孩子失去自信，越来越胆小。还有些孩子年龄越大就越在意周围人的目光，这也使得他们做事变得畏首畏尾。

每个人的成长都伴随着一次又一次失败。作为成年人，要尊重孩子的决定，尊重他们的意愿，抱着“不以结果论英雄”的态度，对孩子所付出的努力给予肯定和积极的评价。

44 不能接受不完美

有些孩子对自己要求极高，在他人看来“这样已经可以了，没问题”，他们却会感觉“啊！不行，我做得不好”。当事情没有按照孩子预想的方向发展时，他们很容易陷入混乱的状态，甚至会因一时恼怒而甩手不干。

另外，还有些孩子会因自己完不成某件事而感到失落，而且无法从这种状态中走出来。渐渐地，孩子就会失去应有的活力。

为了追求完美而付出努力，这本不是一件坏事，但物极必反。若孩子已没有余力，则反倒会被自己搞得焦头烂额。当孩子能量充沛，精神状态极佳时，他们对待些许的不完美可能会选择容忍。可当孩子状态不佳时，则会变得不能忍受任何不如意，甚至会表现出逃避或攻击性的行为。

是什么夺走了孩子的能量？又是谁没有察觉到孩子的状态不佳，依然在给他施压？孩子对完美的追求，其实很可能就是他身边大人对他的要求。所以，大人不要擅自替孩子设立目标，而应和孩子一起找出现阶段适合他的目标。

例 1 不按顺序进行就会感到不安

应对方式 让孩子自己制订目标

- “可以这样做，也可以那样做。你想要怎么做呢？”大人可以用这样的方式，帮孩子扩大选择范围，以此来改变孩子看问题的角度。
- 和孩子一起商量关于学习或其他活动的目标。
- 父母的过度干预以及不听取孩子的意见，都会给孩子造成不良影响。
- 让孩子知道即使和大家不一样也没什么不好。

在家

重点 让孩子知道还有其他的解决方法，并为其做出示范。

例 2 稍微错一点点也会哭

应对方式 让孩子将注意力放在能够完成的事情上

- 当孩子心态平和时，要不厌其烦地告诉他“即便犯错也没关系”。
- 引导孩子将注意力放在已完成的内容上，而不是所犯的错误上。
- 当孩子情绪稳定时，可能并不介意犯错。所以学校与家长要保持联系，同时留意孩子与朋友之间的关系，尽量避免他的情绪出现大的波动。
- 结交能够相互鼓励的朋友。

重点　当孩子处于混乱状态时，大人只需安静地守护他。

心理咨询师如是说

那些经常因为自己的努力而受到周围人称赞的孩子，有时可能仅仅会因为一些小事而感到受挫，或是无法接受，甚至有可能导致孩子出现不上学，因烦躁而大吵大闹，要求别人和自己做同样的事并因此引发矛盾，频繁洗手或一再确认门窗是否关好等行为。

孩子会对事情要求完美，一般都是从他身边的大人身上学到的。当他能量不足时，为了抑制内心的不安，就会表现出对完美的过度追求。

所以，大人应想办法让孩子获得安全感。不过于追求完美，对一些小问题要学会包容；承认自己有所能也有所不能；学会做出折中的选择；肯将自己的缺点、不足示人。这些能力对孩子来说都是相当重要的。所以希望孩子身边的大人将自己多角度观察、多方面判断的思维方式展示给孩子。

45 自我保护意识过强

当人受到攻击时，会使用各种各样的方法保护自己，换句话说，自我保护的行为对人类来说是再正常不过的。若没有这种能力，那人类在遇到危险时就无法保护自己。

在日常生活中，有些孩子会因为别人的一句提醒或劝告，而表现出很强的防卫意识；明明没有受到攻击，也没有遇到危险，却使出了防御的手段。他们耗费了过多的能量在毫无必要的自我保护上。

像这样的过度自我保护行为，大致可分为两类，一类是攻击对方，一类是转移话题、过度辩解。而使用这两种处理方式的孩子有一个共同的问题，那就是他们的心是封闭的。他们不信任其他人，认为当他们遇到危险时，周围的人都不会伸出援手。同时，这种不信任感也让他们感到十分不安。

所以在面对自我保护意识很强的孩子时，首先要理解他们，并想办法让孩子接纳你，愿意向你吐露心声。

例 1　一句提醒就引起孩子强烈的反应

应对方式　对孩子的认可要尽量具体，并用语言表达出来

老师　今天班会上你提出的想法很好啊！

小A　谢谢！

老师　你对班会整体感觉怎么样？

小A　没有什么特别的感觉。

老师　觉不觉得有些不够认真？

小A　有点儿……

老师　下次能做得更好吗？

小A　要是大家都配合的话……

老师　其实老师是希望你能把大家团结起来。

重点　这类孩子往往很自信，自尊心也很强，所以通常很难接受别人直接提出的意见。因此要先在具体事情上对孩子表示认可，再逐步提出意见，这样才能让他真正接受。

例 2 过度辩解、试图掩饰

应对方式 给予孩子理解与包容

追问只会把孩子逼入困境

- 过度辩解，往往意味着孩子过度在意他人对自己的评价。所以首先要理解孩子的这种心态。
- 不要追问孩子“为什么忘带东西”“为什么不会”等类似的问题。
- 首先要确认孩子现在的状态，可以问问他“没完成啊”“是遇到什么事了吗”等。
- 问问孩子“接下来怎么办”，让孩子自己决定下一步要做什么。
- 痛快接受孩子所做的决定，不要对孩子说“自己做的决定就一定要做到”等多余的话。

重点 对孩子的辩解不要否定，也不要批评，引导孩子独立思考。

心理咨询师如是说

当孩子面对来自周围的提醒、批评或非议时，他们会想出各种应对方式保护自己，但有时他们会出现过度找借口或反过来责怪对方的情况。

另外，还有些孩子即便没有受到攻击，也会在日常对话中表现出具有防御性质的言行。

在与这类孩子交往的过程中，若直接指出他们的错误，往往会激发孩子的防御意识。虽然孩子的自我保护行为是下意识的，但这是他在以往的经验中学会的，通过这样的言行，他们能够让自己的内心重回平静。

对这类孩子，首先要做到包容，并与他建立相互信任的关系，让他敢于放下戒备，畅所欲言。同时，还要让孩子勇于做真实的自己。

46 自我否定的言行

有时会从某些孩子口中听到类似“反正我是个废物”“我不会，就不参加了”“被别人欺负也没办法，就这样吧”等自我否定的说法。他们在说这些话时往往会表现出一副满不在乎的样子，所以比较容易被大人忽视。

但这一问题其实是需要引起注意的。当孩子出现类似表现时，大人应审视孩子是否肩负了过多的期待，观察他与朋友间是否出现了反常的情况，并在必要时做出恰当的应对。

事实上，没有一个人会真心认为“自己没出息”，他们也想和别人做得一样好，只是不知道该如何做。他们需要他人的帮助，可却从来没有得到过。他们甚至有可能从未体验过从头到尾去完成一件事。而这些都有可能会让他们产生“我不能像其他人那样把事情做好”的想法，进而失去学习、运动的积极性，最终对任何事都失去热情。

所以大人对孩子的真实状态要有正确的认识，鼓励孩子尽其所能地完成他所做的事情，使其在不断的经验积累中恢复自信。

另外，孩子的状态还会影响他的人际关系。关于应对方法可参考下面的例子。

例 1　被欺负也是没办法的事，认了吧！

应对方式　让孩子完成一件他能力范围内的事情，并从中获得成就感

- 为了防止孩子的积极性消失，应和孩子一起从他必须做的事中选取他能够做到的，并陪孩子把这件事完成。
- 将目标以有形的方式表示出来，让孩子能够更加直观地感受到。
- “下次可以试试一个人做到这一步”，用类似的话术逐步增加孩子独自完成任务的内容。
- 就像不愿尝试新的挑战一样，很多孩子也不愿结交新的朋友。所以要想办法帮他们扩大交友范围，让他们体会不同的相处方式。

重点　当孩子出现这类情况时，身边的大人一定要认真对待，并选择恰当的方式进行干预。

例 2 反正我也不会

应对方式 让孩子自己设定目标

- 迷失目标，失去热情。这时好好陪孩子聊聊天吧。
- 弄清孩子的内心感受，并再一次和孩子确认目标。
- 孩子擅长什么？试着和孩子一起去做他擅长的事吧。
- 给孩子委派一些学校的任务，或者让孩子承担一些家务，让他感受到自己是有价值的。

帮助别人会让孩子感受到喜悦

重点 不要对孩子抱有不切实际的期待。

心理咨询师如是说

有些孩子时不时会说一些否定自己的话，例如“反正我是个废物”“我做不到像别人那样成绩优秀”“我爸妈不喜欢我”“反正没人关心我”等。他们往往自尊不足，自我肯定感低，对自己的评价也很低。自然，他们同样没有自信，而且容易因自己某方面不足而全盘否定自己。

很多孩子在成长过程中很少受到肯定与认可，或者说他们常常被否定，所以当他们说出贬低自己的话时，他们内心真正希望的是对方能说一句：“你可不是你说的那样。”或希望因此而引起他人的注意。

所以，大人不要否定孩子，也不要鼓励他去做超出能力范围的事，而是要做好共情与倾听。同时，对孩子的每一次行动、每一份付出都要给予肯定与称赞。

47 不喜欢现在的自己

有些孩子会经常对朋友的行为或班中的事表示出各种不满，有些与自己无关的事情，也会表现得特别在意。他们通常不会直接向当事人表达自己的不满，而是会在学校的保健室等地宣泄情绪。还有些孩子，他们总是低着头，说话声音很低，表情呆板，看起来很忧郁、很胆怯。

这些孩子有一个共同点，那就是“不喜欢自己”。所谓“喜欢自己”，是指对真实自己的认可与接纳，是在与家人、朋友的长期相处中逐渐形成的自我肯定。当孩子周围充满对他的负面评价时，孩子也会受其影响开始怀疑、否定自己，并最终导致孩子做事时表现得十分消极且小心翼翼。由于缺乏自信，他们对别人的言行会格外在意。而他们对他人的批判，其实可以看作自我保护的一种手段。

因此，孩子身边的大人首先要对处于真实状态的孩子予以肯定，并多花时间慢慢培养孩子的自我肯定意识。

例 1 在背后说朋友的坏话

应对方式 当孩子表达不满时，让他意识到自己内心的真实感受究竟是怎样的

小C 小A今天被老师批评了。而且她今天穿的衣服也好奇怪，一点儿都不适合她。

老师 哦？是吗。看来你很关注小A呢。

小C 没有啊……别人也是这么说的。

老师 这些话你和别人也说了吗？

小C 呃，那倒没有。

老师 你平时不和小A玩，不和她聊天吗？

小C 很少。

老师 有机会去和她聊聊天吧，然后来告诉我你们都聊了些什么。

例 2 总是显得很忧郁，总会杞人忧天

应对方式 接纳孩子所有不安的情绪（即便只是因为一个很小的问题）

- 孩子为一些小事而感到担心与焦虑时，事情表象的背后可能隐藏着其他需要大人关注的问题。
- 一定不要对孩子说“这么点儿小事有什么可担心的”。
- 有些孩子会刻意掩饰自己所遇到的问题，例如自卑或家庭中存在某些问题等。
- 没有必要刻意避免让孩子感受到不安，但是要在孩子不安时和他一起找出避免这一情况再次发生的具体办法。
- 给出孩子具体的建议并让孩子去执行，例如“把事情说出来就不容易忘了”，并且在事后和孩子一起确认这一方法是否有效。
- 带孩子一起感受做好眼前事的重要性。

重点 有些在外人看来无关痛痒的小事，对孩子来说却是非常严重的。对孩子的这种心理要做到尊重与理解。

心理咨询师如是说

拒绝上学、校园欺凌、攻击性行为、自残行为、厌食症等，这些行为背后所隐藏的问题，都是孩子对自己的否定及排斥。换句话说，自我肯定感低就会引发各种各样的行为问题。

自我肯定感由两部分组成。其一，是发自内心的对自己的肯定，如“我对自己很满意”“我觉得自己有不少优点”“我能把事情顺利办妥”等。其二，孩子在与他人交往中所接收到的信息，如“父母和老师都很理解我”“朋友认为我很可靠”“大家都很喜欢我”“家人都很关心我”等。

肯定自己，才会珍惜自己，才会知道该如何珍惜他人。所以大人要努力提高这些孩子的自我肯定感。而具体做法就是对孩子的努力予以肯定与称赞，真心接纳孩子最真实的样子。

48 舔鼻涕，闻自己的味道

有的孩子会有用手指蘸鼻涕舔的习惯。这种行为一般发生在孩子排队玩秋千等没有其他事情可做的时候，而且往往是无意识的。

小 A 是一名小学一年级的学生，父母离婚后他和父亲开始了两个人的生活。但这样的生活仅仅持续了 2 周左右，孩子就出现了舔鼻涕的行为。这一行为的出现，与孩子离开母亲的时间大致相同，因此可以推测他是在通过鼻涕的味道确认自己的存在。

我还遇到过一个孩子，他会在上课时将手通过裤腿伸进自己的短裤里，再拿出来凑到鼻子前闻。而出现这一行为的时间，正是他备战考试的紧要关头。

以上两个孩子的共同点就是缺少母爱。本来孩子们能够在父母的理解中感受到自己的存在，可这些孩子只能通过最原始的感官刺激——味觉与嗅觉，来满足这一需求。

不管是舔鼻涕，还是闻私处的味道，都可以看作由于孩子的情感缺失而导致的代偿行为。所以单纯的制止不会让情况得到改善，甚至有可能会让孩子感到压力而产生其他问题行为。

例 1 确认自己的味道

应对方式 让孩子切身感受到父母的爱

牵牵手、抱一抱、一起洗个澡……这些肢体的接触会达到很好的效果。

一起和孩子整理相册，讲讲他小时候的趣事。记得要面带微笑哦。

例 2 确认自己的气味

应对方式 不要强迫孩子改掉习惯

- 增加和孩子相处的时间，例如，一起踢球、一起做手工等。
- “小 ×× 球踢得太帅了，太喜欢看你踢球了”，父母像这样坦率地表达对孩子的爱。
- 孩子备考时不要给孩子施加过多的压力，告诉孩子“尽力就好”。
- 父母的认可，常常伴随着成绩提高等附加条件，但孩子所需要的是父母对自己真实状态的接受，是绝对的认可。

重点 不问缘由地以一句“太脏了”来制止孩子的行为，反倒会对孩子造成不好的影响。

心理咨询师如是说

在临床中我们有时会遇到这样的孩子——他们常常会舔自己的鼻涕，或是闻自己私处的味道。这种行为可以看作孩子在用与自己身体密切相关的味道、气味刺激自己最基本的感觉。这些行为往往会在孩子无所事事时发生，而且与他身边是否有其他人基本无关。

当身边的人发现孩子这一举动时，可能会为了制止这一行为而提醒或者批评孩子。可即便孩子当时停下了手上的动作，却无法从根本上杜绝这类行为。

孩子的这些举动大多是无意识的，他们通过舔、闻、触摸等动作确认自己的存在，并从中获得安心感。换句话说，孩子之所以会有这样的行为，正是因为他们内心是孤独的、不安的。

因此，父母要重新审视和孩子的关系，发现造成孩子孤独、不安的原因并将其消除。

49 割腕

割腕多发生在青春期孩子身上，但这些孩子中也有很多人在幼儿时期或小学阶段就出现过局部痉挛的症状，或有过拒绝上学，甚至类似拔头发等伤害自己的行为。

不过，也有些孩子在小学时学习很努力，而且成绩优秀、性格开朗。在我认识的人中就有这样一个孩子，但她进入中学后却出现了割腕的行为。而且小学时她很尊重妈妈，可升入中学后她只肯称呼妈妈为“那个人”。当这个女孩升入高中后，她初中时的班主任才听说女孩曾因割腕而饱受煎熬。这位老师很后悔，他说：“女孩上初中时，好像一直在为了博得母亲的喜爱而扮演着好孩子的角色。我应该早发现这一点的。”

无论是哪种孩子，他们内心深处都隐藏着这样那样的痛苦与纠结（希望真实的自己能够获得父母的认同），但直到青春期来临，问题也没能得到解决，因此只能在心中发出无声的呐喊。

割腕的孩子大多也想停止这一行为，但他们控制不住自己。这些孩子中很多人说“最希望妈妈能发现自己的问题”。所以学校中的老师或生活顾问应充当孩子与父母之间的桥梁，让父母听到孩子的心声。

例 1 只有在割腕的时候才能感到自己“活着”

应对方式 走进孩子的内心

小 M 我又没忍住。

老师 又割伤自己了吗?

小 M （点头默认）

老师 （伤口）让我看看行吗?

小 M （摘下左手的套袖并拆掉下面隐藏的绷带，除了新伤，还有数不清的细小的旧伤痕。）

老师 （轻抚孩子的伤口）很疼吧?

小 M 是疼，不过，怎么说呢，它能让我感觉到“我还活着”。

老师 嗯，我明白，你是想确认自己“还活着”。

例 2 想停手，却控制不住自己

应对方式 让孩子发泄内心的痛苦

老师 这些伤让妈妈看过吗？

小 M （轻轻地摇了摇头）

老师 你其实是希望妈妈发现的，对吗？

小 M （涌出大滴的眼泪）

老师 我能为你做些什么？

小 M 陪着我。

老师 老师陪着你的话，你就会让妈妈看（这些伤）是吗？

小 M （点点头）

重点 若孩子拒绝让妈妈看伤口，那就不要强迫他。

心理咨询师如是说

割腕是自残行为的一种，流出的鲜血和身体的疼痛能让自残的人感到“我还活着”。另外，这样做能暂时缓解他们内心的压力与纠结，让紧绷的神经获得片刻的放松。

这些孩子在成长过程中，大多是缺乏安全感的，他们担心自己被抛弃，并因此而感到极度不安。另外，他们的自我肯定感较低，认为“反正我的身体变成什么样都无所谓”。

因此在处理这些孩子所遇到的问题时，不能将注意力放在他们的自残行为本身，一味地想通过批评教育让他们改正，或是故意无视他们的行为，抑或追问他们割腕的原因，而是要关注他们的内心世界，理解他们的“孤独”“痛苦”与“无可奈何”。

具体要怎样做呢？首先，告诉孩子“即便不能马上停止这一行为，也不要妄自菲薄”“习惯是可以一点一点慢慢改变的”；其次，和孩子一起想办法缓解内心的纠结与压力，并帮助孩子逐步用新办法替代伤害自己的行为。

解　说

第 1 章　针对父母或老师的行为

在第 1 章中，我们从“由人际关系所引起的问题行为”中，选取了“针对父母或老师的行为”。孩子在成长的过程中一般会经历两次“叛逆期”，也就是通过对成年人的反抗来表达自己主张的时期。“第一叛逆期”一般发生在 3 岁左右的孩子身上，而“第二叛逆期”往往发生在小学高年级，也就是孩子进入青春期时。随着孩子自我意识的逐渐增强，他们对父母以及身边的大人不再言听计从，而是有了自己的想法，希望成为一个独立的个体。也就是说，这其实是孩子在成长过程中的必经之路。

但即便同是反抗行为，在不同的孩子身上表现形式却是不同的。有些孩子会将内心的压力或抵抗的情绪发泄在大人身上，可还有些孩子却不知道如何发泄。前一类孩子会与父母、老师发生正面冲突，经常把大人搞得焦头烂额；而后一类孩子并不会有任何叛逆的举动，所以很难被察觉。但其实真正让人伤脑筋的正是后一类孩子。

有些孩子在幼儿时期并没有出现明显的叛逆行为，当这些孩子进入青春期后，也往往不知如何发泄内心的情绪。他们自幼便没有向父母吐露心声的习惯，因为他们感受不到来自父母的关心与爱护，认为“父母不愿听我说话”“他们没有把我放在心上”。同时，他们对大人缺乏信任感，认为很多话“说也是白说”。针对这种情况，大人首先要做的是要重建与孩子之间的信赖关系。在文中，第 1 节到第 5 节列举了“会发泄”的孩子的行为表现，第 6 节到第 10 节列举了“不会发泄”的孩子的表现。

所有的孩子无一例外都希望获得父母的爱，因此他们善于察言观色，能够敏锐地感知父母的想法，并努力让自己的言行符合父母的希望。当他们看到父母流露出喜悦的神情，听到父母夸他“好孩子”，就会感到安心。而且，孩子的敏感程度往往超乎大人的想象。不会发泄内心情绪的孩子，常常会固执地认为只有成为“父母心目中的好孩子”，才能获得父母的爱。而且当他们强烈地感受到父母对他们有明确的希望时，往往很难说出“我不想这样”。因为他们认为这种做法会辜负父母对自己的期待，而这样的自己不会获得父母的爱。所以他们会努力压抑自己内心的真实想法。也正是由于他们认为真实的自己不会被父母所接受，所以才会刻意扮演父母心目中的好孩子。但我们要知道，父母是父母，孩子是孩子，他们是拥有完全不同人格的个体。而孩子也并非是父母用来实现自己梦想的工具。在养育孩子的过程中，父母一定要对这一点保持清醒的认识。

第 2 章　针对朋友或兄弟姐妹的行为

在第 2 章中，我们从“由人际关系所引起的问题行为”中，选取了“针对朋友或兄弟姐妹的行为”。在自然界，每个动物会在其他动物靠近自己的瞬间分辨出对方与自己孰强孰弱。因为若无此能力，则无法在残酷的自然界生存下去。作为自然界的一员，人类也会本能地将自己与他人作比较。而且很多人在判断自己是否喜欢或讨厌另外一个人时，依靠的往往不是理性，而是第一眼的直觉。但当一个人过于在意自己与他人之间所存在的差异时，很可能会出现一些不招人喜欢的举动，例如，攻击对方，无下限地迎合对方，面对两人关系中的问题不去解决而是选择逃避，由于不理解对方的心情而做出不恰当的事情，等等。第 11 节到第 14 节列举的就是“攻击对方的行为”，第 15 节到第 18 节列举了“迎合对方的行为”，第 19 节到第 23 节为“回避对方的行为”，第 24 节和第 25 节为“由于不理解对方而出现的不恰当行为”。

25 年前曾有人就“青春期的问题行为与幼儿期的关系”进行过研究。研究表明，幼儿时期自我表现能力差、忍耐力不佳的孩子，进入青春期后更容易出现问题行为。不过，当时只表现在少数孩子身上的特征，现如今已成为大多数孩子所面临的问题。

对孩子来说，“学习 = 模仿”。他们通过模仿身边的大人来学习各种事情，当然也包括如何与其他人交往。所以，孩子的状态取决于他身边的成年人。若父母不爱说话，孩子也会寡言少语。

若父母总是在孩子提出要求前帮他达成心愿，孩子便学不会表达自己的需要，甚至还会要求朋友也像父母一样能够察觉自己的需求。另外，若父母总是否定孩子的想法，不但会让孩子失去自信，还会让他同样以否定的态度对待其他人，并最终导致孩子不知如何与他人正常交往。

近年来，孩子们在人际交往中出现的问题越来越多。一方面，孩子身边的成年人有着不可推卸的责任；另一方面，“小团伙”的消失也是一个重要的原因。这里说的“小团伙”，指的是从小学三四年级开始，由同年龄段、同性别的孩子组成的小团体。他们不但会在一起玩，还会背着大人搞一些小恶作剧，分享彼此的小秘密。在这样的小团体中，他们学会了吵架、道歉，以及如何在团体生活中进行人际交往。但放学后兴趣班、补习班的增多，交通情况的恶化，活动场所的减少，使得孩子们在一起玩的时间大大减少，这样的小团体也就随之消失了。

第 3 章　针对学校或学习的行为

在第 3 章中，我们选取了一些针对孩子在学校或学习过程中的问题行为进行分析。这些行为大多发生在进入小学高年级之后的孩子身上。也可以说，这些问题其实是与青春期密切相关的。

青春期的孩子面临的一项重要任务，就是脱离对父母、老师的依赖，独立出来。若他们能够在和父母、老师维持良好关系的同时，找到适合自己走向独立的方法，那自然是最好的，但很多孩子往往会以破坏规则或反抗大人来达到独立的目的。另外，还有些孩子会通过叛逆的举动向同龄人宣告自己的独立。

因此，大人不要被孩子的叛逆行为搞得团团转，而是要清楚地知道“孩子是在努力地摆脱对大人的依赖，成为独立的个体”，并且要帮助孩子完成这一目标。另外，大人还要让孩子明白，遵守规则与独立并不矛盾，并且只有做到遵规守纪，并通过不断的学习、积累，才能真正让自己成长起来。

除此之外，对所学知识无法消化吸收，或是在学校受到欺凌，也会导致孩子对学习及生活失去积极性。对于这类情况，则需要学校与家长携手，在与孩子的交谈中找出问题所在并帮助孩子解决。在这个过程中，大人所起的作用是至关重要的。

还有一些孩子由于生理原因，会表现出不善于整理物品或比较健忘。在一次又一次失败中，他们的自信心必然会遭受打击，甚至可能会自暴自弃。所以，大人要在这些孩子进入青春期之前帮助他们认清自己的优势以及劣势，并找出适合他们的生活方式，让孩子扬长避短，健康地成长。

无论是不遵守校规，还是厌学，造成孩子出现这些行为的都是他们内心深处所隐藏的不安。这就要求大人有能力找出问题的根源。

第 4 章　与自己身体有关的行为

在第 4 章中，我们选取了孩子们由自己身体所引发的一些行为。在所列举的 7 个事例中，孩子们有个共同点，那就是他们所表现出的不管是对自己身体的在意，还是他们身体上出现的问题或疾病，都是由他们内心的不安所引起的。

随着孩子的自信心逐渐消失，他们内心也会变得越来越缺乏安全感，这就可能会导致他们过度在意自己的发型、体形或体味。在这样的状态下，朋友对他们的看法成为他们衡量自己最重要的标准，这就使得他们越来越无法做回真实的自己。但将自己伪装起来不但不会让他们恢复自信，反而会让他们更加厌恶自己，并陷入恶性循环。

为了阻断恶性循环，让事态向好的方向发展，家人的帮助是必不可少的。因为只有家人才能给予孩子无条件的包容，告诉他“我喜欢的是真实的你”“你身上的优点很多”。孩子并不会单单因为做成了几件事而变得自信，只有父母无条件的爱，才能让他们真正获得自信。

另外，过度在意自己的体形、体重也可能不仅是因为在意朋友的眼光，还有可能是因为他们不想长大。而很多有这种想法的孩子，他们对父母往往是缺乏信任的。所以作为父母，一定要重新审视自己与孩子的关系，反思自己是否给予了孩子足够的爱，是否获得了孩子的信任，是否给了孩子一个可以让他当作避风港的家。如若没有，那解决孩子问题的第一步，就要从改善家庭成员之间的关系入手。

另外，大人还需要转变自己的观点，不要把孩子啃指甲、抽动、尿床、夜惊等行为当作“令人头疼的事”，而是要知道这是“孩子承受了过多压力的表现”。因此，家长不要单纯地阻止孩子的这些行为，而是要通过与老师的共同努力，找出给孩子带来压力的根源并将其去除。很多孩子自己都不清楚压力来自何处，因此可以先从能够想到的可能性入手。当孩子因压力所产生的行为有所减轻时，就意味着压力的源头找对了。

第 5 章　自我否定、自我保护的行为

在第 5 章所列举的事例中，孩子们的共同点是“不喜欢现在的自己”，也就是说，他们的自我肯定感偏低。

有一位妈妈来学校咨询。她的孩子右手有轻微的麻痹，她担心上学后孩子会因为别人的议论而受到伤害，所以在为孩子选择学校时，要求学校可以避免这样的情况发生。我告诉她：“与其寻找不会让孩子受到伤害的学校，不如让孩子拥有强大的内心，即便被议论也能从容面对。”

其实每个人都有自己不擅长的事情，这与是否存在生理或心

理上的问题无关。但听到别人议论自己时，有些人会表现出极度的敏感，并会为了保护自己而关上心门；也有些人会一笑而过，并不会放在心上。相比之下，一定是后者的生活会更加快乐、自由。但只有在成长过程中，孩子最真实的状态被父母所接纳、所肯定，他才能做到不被其他人的言论所影响。对孩子来说，即便身体有恙，或某方面不擅长、做不好，这都不要紧，只要父母包容孩子的一切，对孩子说“我喜欢你的一切”，那孩子就能够展示出真实的自我。身为父母，不要害怕让孩子尝试失败，因为每个孩子都是在不断的失败中成长起来的。教会孩子勇敢地面对失败，也就意味着他将会获得更多成长的机会。

而对于那些过度畏惧失败，不接受任何不完美的孩子来说，最重要的是改变他们自我评价的模式，拓宽他们的视野。因此大人不要过多地关注结果，而是将注意力放在过程中，对孩子所付出的努力及时给予肯定及称赞。另外，这些孩子当中有一些人会设置超出自己能力范围的目标，可一旦目标没有达到，他们又不能原谅自己。所以当孩子制订目标时，父母也应参与其中，并且在孩子执行过程中陪伴他，给他安全感。

人的成长就像盖楼，地基是必不可少的。在幼儿时期被他人接受及认可，能够让孩子获得充分的自我肯定感，而这也将为他今后的成长打下坚实的基础。

至于割腕、舔鼻涕等，其实是孩子确认自己存在的一种行为，也可以被看作由于没有被父母全盘接受而产生的替代行为。

亡羊补牢，为时未晚。包容、接纳孩子的一切，让孩子发自内心地说出“我喜欢现在的自己”。这，将是所有改变的开始。

久芳美惠子　梅原厚子